広告文化の社会学

Sociology on Advertising Cultures

メディアと消費の文化論

［編著］

宮﨑悠二　　藤嶋陽子　　陳　海茵
MIYAZAKI Yuji　FUJISHIMA Yoko　CHEN Haiyin

［著］

有賀ゆうアニース　　関根麻里恵
谷本奈穂　　小川豊武　　宇田川敦史
飯田　豊　　陳　怡禎　　加島　卓

北樹出版

は じ め に

　私たちの生活には、無数の広告が存在している。街のなかでも、スマートフォンの画面のなかでも、日々、数えきれない広告を目にする。本書は、こうした広告と、広告に囲まれた私たちの日常体験を考えるための入門書である。

　広告について学ぶ視点には、効果的な広告施策や広告制作の手法に焦点を当てるものもある。しかし本書は、このようなマーケティング技法とは異なる、広告と文化の結びつきをとらえるような社会学的観点から編まれている。とりわけ今日では、デジタルメディアの普及によって広告の役割や表現、手法も多様化し、私たちの文化——生活様式、ものの見方、消費の仕方——にも大きな影響を及ぼしている。SNSによって情報が瞬時に拡散されるなかで広告の「炎上」が頻出し、広告表現のステレオタイプも厳しく問われている。また、あらたなメディア環境において広告活動も性質を大きく変えつつあり、推し活や展覧会といった、ひとくちには「広告」と括りきれないようなものへと拡張を続けている。こうしたなかで、ステルスマーケティングや煩わしいネット広告といった、あらたな課題も生まれている。本書は、このような問題の構造を理解し、議論をしていくための視点を提示している。

　第Ⅰ部「シンボルとしての広告」では、広告と社会に共有される価値観の関係を論じていく。広告のなかでは、家族像や若者像、理想的な容姿、男らしさや女らしさというように、さまざまな価値観が描き出される。多くの人から共感してもらう広告表現であるために、“普通”とされる価値観が反映されるものと考えることもできるだろう。だが同時に、広告はこれからの社会の理想像を提示し、社会を方向づけていくものでもある。ここでは、エスニシティ（第1章）、ジェンダー（第2章）、美容（第3章）、青春（第4章）といったトピックを題材に、こうした広告のあり方をとらえていく。

　第Ⅱ部「シグナルとしての広告」では、世間の評判や、個人の好みのように、なんらかの指標に基づいて商品やサービスについての情報を提示する仕組みを論じている。デジタルメディアの普及によって、売れ筋や人々の興味関心は数値として収集され、可視化されるようになった。自分の属性やウェブ上で

の行動履歴といったデータに基づく広告表示（第5章）、ランキング（第6章）、口コミ（第7章）といったトピックから、今日のアルゴリズム化された消費や広告をとらえていく。

第Ⅲ部「かたちを変える広告」では、従来の広告の定義をこえて、多様なかたちで存在している「広告」や「広告的なもの」を取り上げていく。都市空間そのものが広告的な機能を担うような状況（第8章）、直接的な広告活動だけでなく、美術展や芸術活動の支援を通じてブランディングをするPR活動（第9章）、政治家によるプロパガンダ戦略や選挙キャンペーン（第10章）、そして、これまでの「送り手」とは異なりアイドルファンが「推し」を応援するためにつくる「応援広告」（第11章）をそのトピックとしている。このように大胆にかたちを変えながら、多様な文化現象や社会活動とつながり、私たちの生活のさまざまなシーンに拡張していく広告をとらえていく。

第Ⅳ部「これまでとこれからの広告」では、より俯瞰的かつ抽象的な視野からメディア環境や広告への思考をマッピングし、広告文化の現状をより深く理解するための理論や歴史を整理している。広告企業を中心とした広告産業の歴史（第12章）、広告制作者の仕事と広告批評の役割（第13章）、広告についての社会学的思考の系譜（第14章）、広告文化についての倫理的考察（第15章）をそのトピックとしている。

広告が魅せる愉しい消費の世界に、どうしようもなく惹かれてしまうこともあれば、どうしようもない苛立ちを抱くこともあるだろう。「数えきれない広告」という言葉が示すように、文字通り広告は無数に私たちのもとに飛び込み意識を刺激し続けることで、購買活動に影響するだけでなく、私たちの感性にも働きかけている。そうして刺激される感性の行方も、そして「数える」こと自体が途方もなく無意味に思えるように「広告」の定義を揺さぶりながら日常を満たしている広告たちも、ごく淡い輪郭をもって存在している。本書を通じて、今日の広告の現状や課題について文化的側面から接近し、読者が少しでもその輪郭を描き、考えを深めていくための一助となることを願っている。

編者一同

Contents

第Ⅰ部　シンボルとしての広告

第1章　広告表現とエスニシティ：マジョリティ・マイノリティ関係の観点から

[有賀 ゆうアニース]‥‥‥10

第1節　広告とエスニシティを問うために　10

第2節　広告表現のなかのマジョリティとマイノリティ　13

第3節　エスニシティの広告表現を巡る争点　16

第4節　広告表現とエスニシティの考察を深めるために　18

第2章　公共空間における「女らしさ／男らしさ」の表象：公共広告、

プロモーション動画、映画ポスターを例に［関根 麻里恵］‥‥‥20

第1節　刷り込まれた性別二元論と女らしさ／男らしさ　20

第2節　アンコンシャス・バイアス（無意識の偏見）とは　21

第3節　映画ポスターは誰に向けられたもの？　24

第4節　身のまわりの広告を観察してみよう　29

第3章　美容クリニックの広告：規制と批判の間で［谷本 奈穂］‥‥‥‥‥<i>30</i>

第1節　美容クリニック広告へのアプローチ　30

第2節　美容クリニック広告の歴史　31

第3節　ウェブ広告の分析　36

第4節　より良い美容クリニック広告に向けて　38

第4章　反復される「普通の青春」：テレビCMのなかの「高校生」

［小川 豊武］‥‥‥‥‥40

第1節　テレビCMが描く「青春」　40

第2節　テレビCMという実践　41

第3節　事例分析：清涼飲料水のCMが描く「青春」　42

第4節　反復される「普通の青春」　48

第Ⅱ部　シグナルとしての広告

第5章　あなたに"最適な"広告：パーソナルデータに基づく広告の仕組みと課題

［藤嶋 陽子］‥‥‥‥‥52

第1節　デジタルマーケティングの発展とネット広告　52

第2節　デジタルプラットフォームを支える広告　54

第3節　データを提供することは警戒するべきか？　55

第4節　データ駆動型社会における消費　*58*

第5節　データを活用した広告　*60*

第6章　ランキングと広告の「客観性」［宇田川 敦史］ ……………………*62*

第1節　ランキングのもつ二重のシグナル　*62*

第2節　ランキングの複合的な系譜　*64*

第3節　ランキングと「ネイティブ広告」　*67*

第7章　口コミはなぜ広告文化の問題になるのか［宮﨑 悠二］…………*72*

第1節　私たちを取り囲む「口コミ」　*72*

第2節　コミュニケーションの二段の流れ　*73*

第3節　「口コミ」の起源を巡る2つの「誤解」　*74*

第4節　「口コミ」の誕生　*76*

第5節　広告を後ろ側から映し出す「口コミ」　*78*

第Ⅲ部　かたちを変える広告

第8章　広告都市の地層：メディア技術とのかかわりを中心に［飯田 豊］‥*84*

第1節　都市広告の系譜：1960年代まで　*85*

第2節　ふたつの万博を手掛かりに：1970〜80年代　*86*

第3節　広告都市の社会学：舞台化／脱舞台化／再舞台化　*90*

第4節　見えない都市　*92*

第9章　芸術と共振するブランド・コミュニケーション［陳 海茵］……*94*

第1節　「ラグジュアリー」を創り上げる：芸術と共振するブランド戦略　*94*

第2節　「私はだれなのか」を提示するブランド・コミュニケーション　*97*

第3節　ブランド・アイデンティティと消費の文化的側面　*99*

第4節　記号化されるブランドと「〈私〉探しゲーム」　*101*

第5節　拡張を続けるブランド・コミュニケーション　*102*

第10章　政治活動と広告：プロパガンダ・選挙マーケティング・

主旋律コンテンツ［陳 海茵］……………*104*

第1節　戦時下における国策動員のための政治宣伝　*104*

第2節　アメリカにおける選挙運動のための広告　*107*

第3節　現代中国における愛国思想のための宣伝　*109*

第4節　より身近なプロパガンダと選挙広告を考えるために　*112*

第11章　アイドルファンと応援広告：公的空間における私的な会話

[陳　怡禎] ……………114

第1節　コミュニケーション空間としての「応援広告」　114

第2節　「プロシューマ―」としてのファン　116

第3節　ファンコミュニティの可視化と価値創出　118

第4節　外向的コミュニケーションなのか，内向的コミュニケーションなのか　121

第Ⅳ部　これまでとこれからの広告

第12章　日本の広告産業の歴史：広告企業の呼称と機能の変遷

[宮﨑　悠二] ……………126

第1節　広告産業と広告企業　126

第2節　広告取次業の時代：新聞時代のスペースブローカー　128

第3節　広告代理店の時代：テレビ時代のマーケティング・クリエイティブカンパニー　128

第4節　広告会社の時代：多メディア時代のコミュニケーションカンパニー　131

第5節　事業開発パートナーの時代：インターネット時代のビジネスパートナー　132

第6節　メディアの政治経済学　133

第13章　広告制作者と広告批評 [加島　卓] ……………………………136

第1節　マーケティングとクリエイティブの調停　136

第2節　広告制作とグラフィックデザイナー　137

第3節　広告制作者は何をしているのか　138

第4節　ジェンダー炎上と広告批評　142

第14章　広告についての社会学的思考 [宮﨑　悠二] ……………………146

第1節　広告のマーケティング論的なとらえ方：個人の心理過程の変容　146

第2節　広告の社会学的なとらえ方：「意味づけ」と「システム」　147

第3節　広告の記号論：「意味づけ」のシステムを批判する　149

第4節　記号論をこえて：広告受容のあり方の重視　152

第5節　デジタル以降の広告論：シグナルとしての広告　153

第15章　広告文化と倫理 [宮﨑悠二・藤嶋陽子・陳海茵] ………………156

第1節　広告内容の真偽　156

第2節　広告表現の善悪　158

第3節　広告の仕組みについての「悪さ」　160

第4節　よりマシな社会へ　162

事 項 索 引……………………………………………………………… *169*

人 名 索 引……………………………………………………………… *172*

PART I

シンボルとしての広告

　広告は世相を反映し社会を映し出す鏡である──社会が広告をつくる──と同時に、理想を提示して社会を方向づける「シンボル」として機能する──広告が社会をつくる──。社会を映し出し、かつ社会を方向づけもするという、こうした広告の姿は、伝統的なマスメディア広告のあり方であると同時に、現代においても広告の中心的な役割の一部である。第1部ではこのような「シンボル」としての広告の側面をとらえていく。第1章「広告表現とエスニシティ」では、広告のなかでエスニシティがどのように表現されてきたのかをマジョリティとマイノリティという関係性に着目しながら論じている。第2章「公共空間における『女らしさ／男らしさ』の表象」では、映画ポスターのなかに表現されるジェンダーを論じている。第3章「美容クリニックの広告」では、美容クリニック広告の歴史的経緯を規制や批判に着目しつつ整理するとともに、現在の美容クリニックホームページの文言を計量的に分析することで、美容クリニック広告のあり方を立体的に浮かび上がらせている。第4章「反復される『普通の青春』」ではテレビCMのなかに表現される「青春」を「規範」や「理解」といった根源的な観点から分析することで、広告の文化的な作用の様相を示している。

1

広告表現とエスニシティ

マジョリティ・マイノリティ関係の観点から

有賀 ゆうアニース

・・・・・・・・・・・・・・・・・・・・・・・・

　2020 年 2 月、Twitter（現 X）で、とある化粧品会社の広告ポスターが話題になった。ヘアトリートメントのポスターで、中央にアフロヘアの黒人女性の肖像、右側に「ツヤツヤのサラッサラになりたい。」というキャッチコピーが配置されたものだ。ポスターは多くの批判を集め、販売元の会社は間もなく謝罪と回収に至った（ねとらぼ 2020）。

　第 1 部の冒頭でも述べたように、広告は、社会の支配的な価値観を映し出す鏡であると同時に、理想を提示して社会を方向づけるシンボルとしても機能する。上で紹介した広告についていえば、「ツヤツヤのサラッサラ」の髪が一般的な美の理想の 1 つとして存在し、それによって消費者を刺激しようとしていることは想像に難くないだろう。では、他方で、そうした表現が広く批判を集め、自主回収に至ったという経緯をどう考えればよいのか。

　本章では、エスニシティという観点から、こうした広告文化のあり方についてどのような学問的知見があるのか、またどのような今日的な問題があるのかについてみていく。

・・・・・・・・・・・・・・・・・・・・・・・・

■　第 1 節 ｜ 広告とエスニシティを問うために

　本節では、広告とエスニシティの関係を考察するにあたっての基本概念として、エスニシティ（第 1 項）、およびマジョリティ／マイノリティ（第 2 項）を導入し、それがどのように広告表現に関係するのかを簡潔に説明する。

■　1. エスニシティ

　私たちの社会では、自分や他人を別々の集団に分類する際に、その人がどの

ような祖先をもつのか、そしてその祖先と結びついたどのような文化的および身体的特徴をもつのかという基準を参照することがある。**エスニシティ**とは、こうした祖先とそれに連動するとされる文化的および身体的特徴による帰属や分類のことを指している。

　このような意味でエスニシティを理解するなら、その意味はさしあたり「**民族**」と「**人種**」という2つの語に対応するものとして理解することができる。一方で私たちは、どんな祖先と文化的特徴（言語、生活様式、服装、宗教、食事など）をもつのかによって、自他を「アイヌ民族」や「朝鮮民族」や「日本人」などに分類している。また特定の言語や食事や宗教を「日本人」的なものとか、「ブラジル人」らしいものとして認識している。ここでは、「〇〇民族」とか「〇〇人」といった表現のもとで、「民族」としてのエスニシティが意識されている。また他方で私たちは、どんな祖先と身体的特徴（皮膚や目の色、顔の形状、髪質など）をもつのかによって、自他を「黒人（系）」とか「白人（系）」とか「アジア系」として分類することがある。ここでは、「〇〇人」とか「〇〇系」といった表現のもとで、「人種」としてのエスニシティが意識されている。こうしたエスニシティによって分類される集団のことを、**エスニック集団**という。ただし、以上は人種と民族の両面を含むエスニシティ・エスニック集団の説明であり（広い意味でのエスニシティ）、エスニシティやエスニック集団を「民族」のみを意味する語として使うこともある（狭い意味でのエスニシティ）。

　エスニシティをこのように人種と民族という観点から理解するなら、広告表現のなかのエスニシティは私たちにとってある意味できわめてありふれたものだということがわかるだろう。私たちはこうした分類を参照することで、ある特定の製品を特定の民族に結びつけたり（「和食」、「韓国メイク」など）、出演者を「黒人」「白人」「日本人」などと識別したりすることができているのだ。

　民族や人種としてのエスニシティを議論するときに大切なのは、それらは確固たる客観的・科学的な根拠のある概念ではなく、むしろそのあり方は特定の文化的・歴史的文脈のなかで構築される、ということだ。たしかに私たちは、自分や他人を特定の文化的および身体的特徴によって分類して認識する。しかし、その分類の意味や基準は、時代や文化圏によってさまざまである。かつては人種というカテゴリーは科学的概念として普及し、人種間の序列が広く認識

されていた一方、現在ではそれに生物学的根拠がないことや個人による性質の相違の方が大きいことが明らかになっている（竹沢 2023）。また民族についていえば、戦前期までの日本は朝鮮や台湾を植民地化していくにあたって「多民族国家」を自称していたが、植民地を喪失した戦後はむしろ「単一民族国家」を自称するようになった（小熊 1995）。エスニシティと広告の関係を考えるにあたっても、このようにさまざまな時代や文化のなかで構築されるエスニシティの多様なあり方をふまえることが欠かせない。

■ 2. エスニック・マジョリティ／マイノリティ

　広告文化とエスニシティの関係を巡る問題を整理するために、重要な概念を導入しておこう。それは、**エスニック・マジョリティ**と**エスニック・マイノリティ**という概念である（端的に**マジョリティ**と**マイノリティ**と言及することもある）。

　エスニック・マジョリティとはエスニック集団のうち、その集団が属する社会のなかで相対的に有利・優位な立場にある集団を指す。他方、エスニック・マイノリティとはエスニック集団のうち、その集団が属する社会のなかで相対的に不利・劣位な立場にある集団を指す。エスニシティのあり方そのものが社会によって多様であるように、こうしたマジョリティとマイノリティのあり方も社会によって多様である。たとえば日本では、在日コリアン、またアイヌ民族などがエスニック・マイノリティ、そしてそれらに合致せず、文化的にも身体的にも「日本人」として通用する人々がエスニック・マジョリティとされる。またアメリカ合衆国では、アジア系やアフリカ系がマイノリティ、そして白人系がマジョリティとされる。

　マジョリティとマイノリティは「多数派」と「少数派」と言い換えられることもある。しかし重要なのは、これは単に数字としてどちらが多い・少ないという問題ではないということだ。むしろ、その社会のなかでどの集団がほかの集団と比べてより有利・不利な社会的地位を有しているか——これがマジョリティとマイノリティの相違の決定的な基準である。たとえばアメリカ合衆国で一般に白人がマジョリティに分類されるのは、白人の方がほかの集団と比べて人口上多いからではなく、むしろ歴史的に白人がほかのエスニック集団よりも相対的に有利な地位を享受してきたからである。

12　　第Ⅰ部　シンボルとしての広告

またとくに日本社会では、祖先・血統の純粋さや文化的な均質性が重要視され、在日韓国・朝鮮人やそのほかの外国にルーツをもつ人々、またアイヌ民族などのマイノリティはさまざまな場面で偏見や差別に直面しやすく、そうした意味でもマジョリティとマイノリティの間での不平等が生じている。

■ 第2節 ｜ 広告表現のなかのマジョリティとマイノリティ

　広告表現とエスニック・マジョリティおよびエスニック・マイノリティをめぐる論点は、量の問題（どの集団がどの程度表現される・登場するか）と質の問題（どの集団がどのような仕方で表現される・登場するか）の2つに大別することができる。以下の2つの項では、順番に量の問題と質の問題についての基本的な実態をみていく。

■ 1. 過剰表象と過小表象：量の問題

　エスニシティと広告の関係について考察する上で重要なのは、エスニック・マジョリティとエスニック・マイノリティの間にどの程度広告に登場するかという点での顕著な不平等がある、という点だ。言い換えれば、**過剰表象**と**過小表象**という量の問題である。

　エスニック集団の間に広告で表象される量の不平等があることは、これまでさまざまな研究によって明らかにされてきた。とくに顕著なのは、白人と非白人（黒人やアジア人など）との間の不平等である。

　たとえば日本のファッション雑誌や化粧品広告では、伝統的に白人がほかの人種よりも圧倒的に多く広告モデルとして起用される傾向があることが指摘されてきた（石井 2006）。また、テレビ CM においても、外国人が起用される場合、白人の割合が圧倒的に高いことが指摘されてきた（日吉 2009; 小坂井 1996; Prieler 2010）。小坂井（1996）は、日本人が一般にほかのアジア人よりもむしろ白人に同類意識を感じる傾向があり、この意識が以上のようなメディア上の白人の過剰表象を支えていると指摘する。こうした傾向は近年の日本やアメリカ合衆国では相対的に弱まっている一方で、そのほかのアジア諸国ではむしろこうした白人志向が広告表現を特徴づけ続けていることも指摘されている（Davis

第1章　広告表現とエスニシティ　　13

2018; 石井 2006)。

　こうした白人の過剰表象の一方で過小表象されてきたのが、それ以外のエスニック集団である。1990 年から 2008 年にかけての民放 CM におけるエスニック集団の比率を系統的に分析した日吉昭彦（2009）によると、登場する外国人のうち白人が占める割合は 70〜80％程度、黒人が占める割合は 5％程度、アジア系が占める割合は 5〜20％程度で推移している。実際に世界の人口に占める割合としても、また日本国内における在日外国人口に占める割合にしても量的にはアジア系が白人系よりも圧倒的に多いにもかかわらず、広告表現上はアジア系がきわめて過小に表象されているのである（日吉 2009）。マジョリティとマイノリティの関係が社会的地位の不平等によって定義されることは前述したが、こうした実社会の不平等が広告表現のエスニシティ表象にも反映されてきたといえよう。

■ 2. エスニック集団のステレオタイプ化：質の問題

　エスニシティと広告表現の関係をめぐっては、もしマイノリティがメディアで頻繁に表現されるとしても、その表現にさまざまな**ステレオタイプ**が内包されていることも問題として指摘されてきた。ステレオタイプとは、ある特定の集団の成員がもつ属性についての過度に誇張された・一般化された見方のことを指す。さまざまなエスニック集団が広告を通じてステレオタイプ化に曝されていることが、多くの研究により明らかにされてきた（萩原・国広 2004）。

　いうまでもなく、広告を通じてどのような製品やサービスが宣伝されるのかは多種多様である。ステレオタイプという観点から興味深いのは、どのような製品やサービスが扱われるのかが、エスニックなステレオタイプに結びついている、という点だ。

　ステレオタイプの意味と広告表現の関係について、本章の冒頭で言及した化粧品会社の広告を例に説明しよう。この広告では、髪の毛が縮れた黒人女性の写真と「ツヤッツヤのサラッサラになりたい。」というコピーが併置されていた。それによりマイノリティである黒人の典型的な髪質は望ましくないものであるという見方が誇張されている。同時にそれとは反対の「ツヤッツヤのサラッサラ」の髪質が理想的で望ましいものとして提示されている。小坂井（1996）

14　　第 I 部　シンボルとしての広告 ■■■

は西洋・白人を頂点に、アジア・アジア人を中間に、そしてアフリカ・黒人を底辺にそれぞれ想定するエスニシティのヒエラルキーが日本人の社会意識に浸透しており、それが身体美の基準も規定していると指摘しているが、そうした態度もこの広告表現に反映されているといえよう。同時に、こうした表現が一般向けの広告として流通することで、そうしたステレオタイプや序列が再生産されているともいえるだろう。このような特定のエスニック集団を序列化し、ある集団の人々をほかの集団の人々よりも不利に扱うことを、**レイシズム（人種主義）**という（竹沢 2023）。

こうした人種・エスニシティに関するステレオタイプ、レイシズムのあり方を、実証研究の知見をふまえ、より詳細にみてみよう。広告のエスニシティの描き方に関する研究では、製品やサービスのタイプによってどのような人種の人物が登場するのかが異なることが観察されてきた。たとえば、小坂井（1996）や萩原・国広（2004）は、テレビ CM に登場する人物や製品の属性に関する統計的分析から、製品の「高級感」や「先進性」を象徴するために白人のイメージが利用されていることを指摘している。またプリーラーら（Prieler 2010; Prieler et al. 2022）は日本のテレビ CM の分析から、白人は黒人やアジア人よりも幅広い製品の広告に登場している一方、黒人はミュージシャンやアスリートとしての登場、日本人以外のアジア人は有名人としての登場や出身国の製品に関する宣伝のための登場に限られていることを明らかにしている。一般にステレオタイプは特定の集団を劣った存在として扱うこと（レイシズム）に結びつきやすいが、それは同時に白人が「高級感」や「先進性」に結びつくように、特定の集団をほかの集団よりも優れた存在として美化することにも結びついている。

このようなエスニック・ステレオタイプの存在は、日本以外の国々でも報告されている。アメリカ合衆国のテレビ CM でも、黒人はミュージシャンやダンサーなど特定の職業を割り当てられる傾向が強いこと、美容製品や高級品の宣伝では白人が起用される傾向が強いことが判明している（Davis 2018）。日本以外のアジア諸国（Prieler et al. 2022）やアフリカ諸国でも（Davis 2018）、とくにファッションや美容品の広告表現において白人が理想的な美の体現者として強調されていることが指摘されている。こうしたあるマジョリティのポジティブ

なステレオタイプ化もまた、それが集団間の序列化（マイノリティのネガティブな
ステレオタイプ化）を前提としているという意味で、レイシズムに結びついてい
るといえるだろう。

第3節 | エスニシティの広告表現を巡る争点

　これまで広告のエスニシティ表現におけるマジョリティとマイノリティの不
平等の実態を、過剰／過小表象やステレオタイプ化といった切り口から概観し
てきた。他方、とくに近年は、こうしたエスニックな不平等を是正するための
取り組みや運動が多方面で展開されてもいる。

　広告産業が早くから大規模に発展してきたアメリカ合衆国では（第Ⅳ部第12
章参照）、19世紀からさまざまな人種が広告で表現されてきた。そのなかで黒
人は、鼻の大きさや皮膚の黒さが誇張されることで、白人よりも劣った、醜い
存在としてステレオタイプ的に描写されてきた。これは、当時のアメリカ社会
全体において今日以上に熾烈なレイシズムや不平等が浸透しており、購買力の
低い黒人よりも白人が広告産業において消費者として重要視されていたことが
関係していた（竹沢 2023）。

　他方、1960年代の公民権運動の展開や公民権法の制定を背景として、広告
産業でもこうした既存の人種主義的・ステレオタイプ的な表現を見直す動きが
出てきた（日吉 2009: 95）。エスニック・マイノリティの権利擁護が発展し、ま
たかれらの地位がしだいに上昇するにつれて、黒人に露骨に否定的なステレオ
タイプをあてはめる広告のあり方が問題視されるようになり、より公正な広告
表現が追求される機運が高まったのである。その結果として、エスニックマイ
ノリティが広告に登場する量や、かれらのステレオタイプ的な描写は多少改善
しているとも報告されている（Davis 2018）。

　さらに近年になると、たんにステレオタイプ的表現を抑制するだけでなく、
より積極的にエスニックな**多様性**や**多文化主義**（さまざまな集団の文化やエスニシテ
ィを平等に扱うという立場）を強調する広告も登場してきた。すでに1980年代に
はアパレルブランドのベネトンが人種的平等のメッセージを強調する広告を掲
載し、黒人系およびアジア系モデルをより積極的に起用するようになった。ま

たスポーツブランドのナイキは、2000 年代から、ヨーロッパ諸国でのサッカー関係の広告において、反人種差別を明示的に表現する「Stand Up, Speak Up」というキャンペーンを実施した（Davis 2018）。

　多文化主義マーケティングとも呼ばれるこうした広告表現の潮流は、前述のように「単一民族」社会と長らく考えられてきた日本とも無縁ではない。2020 年にアメリカ合衆国発の反人種差別運動である Black Lives Matter が世界的に高揚したのを機に、ナイキは、黒人系ハーフや在日コリアンの生徒が日常生活で偏見を受ける様子を描いた「You Can't Stop Us」という動画を日本のメディア上で放映した（ケイン 2020）。また同年、美容品メーカーの花王は、国内企業としてははじめて化粧品広告における「美白」の表記をとりやめた（「花王、「美白」表現を撤廃――人種の多様性議論に配慮」『日本経済新聞』2021.3.26 朝刊）。本章の冒頭で取り上げた黒人女性のイメージを用いた化粧品広告が広く批判を浴び、自主回収に至ったという経緯も、こうしたステレオタイプの問題化という社会一般の動向と無縁ではない。

　とくに SNS が急速に普及し個人の情報発信が容易になったことも、こうした広告表現を巡るより多様な視点からの議論を加速させている。本章冒頭で紹介した化粧品会社の広告が問題になったのは Twitter（現 X）を通じてであった。またその前年の 2019 年には、「ハーフの子を産みたい方に」という呉服店の着物の数年前の広告が SNS 上で大きな否定的反響を呼び、広告主はその内容の謝罪と撤回に至った（「「ハーフの子を産みたい方に」――呉服店の広告が炎上」『毎日新聞』2019.6.21 朝刊）。

　このような現代世界における広告表現の多文化主義や多様性をめぐる活発な動きは、人種的マイノリティの社会的地位の上昇や消費者としての台頭、リベラルな文化的価値観の普及、企業における人権尊重の規範の普及などを反映している（Davis 2018）。こうした意味で、ステレオタイプ的な広告表現と同様、広告表現におけるマイノリティの包摂もまた、同時代の世相を反映しながら展開してきたといえよう。

　もちろんこうした多文化主義や多様性の動きによってマジョリティとマイノリティの広告表現の平等が自動的に実現しつつあるわけではない。冒頭で取り上げた事例が示すように、特定のエスニック集団へのステレオタイプ的・差別

第 1 章　広告表現とエスニシティ　17

的な広告表現は今日なお多方面で問題になっている。また、前述のような日本国内の多文化主義マーケティングに対しては、「日本に人種差別はない」とか「言葉狩りだ」といったバックラッシュが起きている（ケイン 2020）。さらにいえば、企業の多文化主義や多様性のメッセージが実際にどの程度マイノリティの地位向上に貢献しているのかは必ずしも定かではないという批判もある（Davis 2018）。いずれにせよ、広告表現上のエスニシティは、企業からも消費者からもかつてないほど活発かつ多角的に議論され、広告とエスニシティの関係はますます重要な社会的争点になりつつある。

第4節 広告表現とエスニシティの考察を深めるために

　本章では、広告上でエスニシティがいかに表現され、またそうした表現をめぐってどのような議論や取り組みが展開されてきたのかについて、基礎概念と事例を取り上げながらみてきた。広告表現を考察するにあたっては、エスニシティとの関係に注目することが重要である（第1節）。広告のエスニシティ表現のあり方は、社会におけるマジョリティとマイノリティの関係を反映してきた（第2節）。一方で、そうした表現や関係のあり方そのものが争点として争われてもきた（第3節）。日本でも今後ますますエスニシティの多様化が進むと予想されるが、そのなかでの広告とエスニシティを巡る情勢の展開を注視していく必要がある。

　本章では広告表現やマーケティングの事例をいくつか取り上げてきたが、これらは数多く存在する事例のごく一部にすぎない。本章を読んだみなさんには、広告表現とエスニシティに関係する事例としてほかにどんなものがあるのか、それらについて本章で学んだ概念や視点をふまえて何がいえるのか、どんな問題があるのかを考えてみてもらいたい。

[関連書籍紹介]
小坂井敏晶，1996，『異文化受容のパラドックス』朝日新聞社．：「名誉白人」「島国根性」「脱亜入欧」などと特徴づけられてきた日本人のエスニック・アイデンティティを総合的に考察し、広告との関係も議論している。

竹沢泰子，2023，『アメリカの人種主義——カテゴリー／アイデンティティの形成と転換』名古屋大学出版会．：アメリカ合衆国における人種主義の歴史を、広告表現、美術、社会運動、政府統計など、さまざまな角度から考察している。

［引 用 文 献］

Davis, Judy F., 2018, "Selling Whiteness?: A Critical Review of the Literature on Marketing and Racism," *Journal of Marketing Management*, 34(1-2): 134-77.

萩原滋・国広陽子編，2004，『テレビと外国イメージ——メディア・ステレオタイピング研究』勁草書房．

日吉昭彦，2009，「エスニシティの表象と「外国人」イメージ」藤田真文・岡井崇之編『プロセスが見えるメディア分析入門——コンテンツから日常を問い直す』世界思想社，95-120．

石井健一，2006，「ファッション雑誌広告に見る欧米志向——東アジア諸国との比較」真鍋一史編著『広告の文化論——その知的関心への誘い』日経広告研究所，191-206．

ケイン樹里安，2020，「話題のナイキ広告で噴出——日本を覆う「否認するレイシズム」の正体」『現代ビジネス』（2024年2月2日取得，https://gendai.ismedia.jp/articles/-/77893）．

ねとらぼ，2020，「黒人女性が「サラッサラになりたい」——ヘアトリートメントのポスターに"差別的"と批判→公式「至急回収致します」と謝罪」ねとらぼ（2024年2月2日取得，https://nlab.itmedia.co.jp/nl/articles/2002/29/news036.html）．

小熊英二，1995，『単一民族神話の起源——「日本人」の自画像の系譜』新曜社．

Prieler, Michael, 2010, "Othering, Racial Hierarchies and Identity Construction in Japanese Television Advertising," *International Journal of Cultural Studies*, 13(5): 511-529.

Prieler, Michael, Alex Ivanov and Shigeru Hagiwara, 2022, "The Representation of 'Others' in East Asian Television Advertisements," *International Communication Gazette*, 84(1): 44-65.

2

Chapter

公共空間における
「女らしさ／男らしさ」の表象
公共広告、プロモーション動画、映画ポスターを例に

関根 麻里恵

・・・・・・・・・・・・・・・・・・・・

「時間があるし、何か映画観たいな」と思った時、みなさんは何を参考に観る作品を決めるだろうか。YouTube などで事前に予告編を見てから、場当たり的に、第三者の口コミもしくは劇場に飾られている映画ポスター、ラックに置かれているチラシを参考にして決めるかもしれない。とくにポスターやチラシは、紙一枚という限られた枠組みのなかでいかにその作品の魅力を引き出すか、どういった客層をメインターゲットにするかなどを考えながら素材を組み合わせて作られているため、制作側の意図が読み取りやすい広告といえる。そして、よく観察してみると、ジャンルによって使用される頻度の高いレイアウトやフォント、色調がみえてくる。しかもそれらは、映画ポスターに写っている人物の性別によって違うかも……？

本章では、映画ポスターに注目しながら、そこに表現されている「**女らしさ／男らしさ**」について検討してみたい。

・・・・・・・・・・・・・・・・・・・・

第１節 │ 刷り込まれた性別二元論と女らしさ／男らしさ

私たちは街中にある広告を目にした時、意識的にせよ無意識的にせよ「これは自分に向けられている／向けられていない」と頭のなかで分類をしていることが多い。もちろん、私たちはさまざまな属性をもっているので、何を基準に分類をしているかは人によって異なるが、その広告が女性向けなのか男性向けなのか（もしくはそのどちらでもないか）によって判断しているのではないだろうか。たとえば、女性が笑顔で微笑んでいる美容医療の広告は女性向けのように感じるだろうし、筋肉をアピールする男性がポーズをしたジムの広告は男性向けのように感じる。また、子ども向けのサービスの広告を子どもがいない夫婦

が見た場合、一見すると「自分たち向けではない」と思いつつも、サービスの内容はさておき子どもをもつことが期待される／子どもがいることが当たり前のような価値観が押しつけられているように感じるかもしれない。

　人間には女か男かの２つの性別しか存在しないと想定されている社会規範のことを「**性別二元論**（gender binary）」といい、社会において割り振られた性別とその割り振られた性別に期待されるふるまい（たとえば女らしさとか、男ならこうあるべきなど）を「**ジェンダー**（gender）」という。人間を肉体の構造から見た場合、大きく２つのグループに分けていることは事実としてある。すなわち、有性生殖という活動の関わり方におけるメス（卵子をつくるか）とオス（精子をつくるか）という分類だ。しかし、人間の肉体も多様であり、必ずしも全員をメスとオスに完全に振り分けることはできない。それでも私たちはどちらかに割り振ろうとする。加藤秀一は、私たちが生きる世界において性別という概念が単純に「精子をつくるか、卵をつくるか」以上の意味をもっていること（加藤 2017: 11）、すなわち言語と結びついた意識活動があることによって、肉体の形態や機能とは別次元の「性自認（ジェンダー・アイデンティティ）」という現象があると指摘し、人間の性別を性別二元論的に考えることの限界について説明している（加藤 2017: 16-28）。しかし、私たちの身のまわりの環境は性別二元論を前提に設計されており、広告もまたその例外ではない。

　小林美香は「性別二元論が社会を運用する上での揺るぎない「規則」であり、そのことに疑問を挟む余地はないように繰り返し刷り込まれてい」ることを指摘している（小林 2023: 15）。その上で、公共空間のなかでジェンダーがどのように表象（representation）されているかについて、広告観察という手法を用いてさまざまな事例を取り上げて分析している。

第２節　アンコンシャス・バイアス（無意識の偏見）とは

　私たちは「規則」として性別二元論が刷り込まれている、ということについてもう少し説明するために、2000 年頃から着目され始めた「**アンコンシャス・バイアス**（unconscious bias, 無意識の偏見）」という概念を紹介したい。アンコンシャス・バイアスとは、育つ環境や所属する集団のなかで経験したことや、見聞

きしたことに照らし合わせながら判断しようとすることを指す。とくに、属性（性別や人種、職業など）をもとにその人そのものを判断するのではなく、先入観によって判断することがあげられる。たとえば、「女の子はピンクが好きなはずだ」「女性は料理が得意であるはずだ」や「男の子はスポーツが好きなはずだ」「男性は会社でバリバリ働くべきだ」などといった類である。厄介なのは、長い時間をかけて「それが当たり前である」と刷り込まれてしまっているため、自分ではなかなか認識しづらいという点である。自分にとって「それが当たり前である」と思い込んできたこと以外の人・もの・価値観にふれた時、私たちは自分のなかの先入観を頼りにそれらを判断し、場合によっては差別をしてしまう。先にあげた性別二元論やジェンダーもそうだ。性別は2つしかなく、社会のなかで望ましいとされるふるまいばかりがくり返しメディアを通して刷り込まれることによって、私たちはあたかも「それが当たり前である」と認識してしまう。

　より具体的なイメージができるよう、とりわけ性別に対するアンコンシャス・バイアスをうまく表現している2つの例を紹介したい。

■ 1. 例1：AC ジャパン「聞こえてきた声」

　1つ目は、公益社団法人 AC ジャパンが2023年度の広告キャンペーンとして公開した、ジェンダー平等をテーマとした「聞こえてきた声」（広告会社：ADK マーケティング・ソリューションズ）だ。これは新聞広告、ラジオ CM、テレビ CM の3媒体で発表され、それぞれの媒体によって表現の仕方を少し変更している。新聞広告では、マンガのコマに特定のシチュエーション（例：赤ちゃんの衣類が干されたベランダ）が描かれ、吹き出しのなかにそのシチュエーションに合うセリフ（例：オギャーオギャーと泣く赤ちゃんに対して「はいは～い今行くね～」「よしよしよしよし……」）が書き込まれている。ラジオ CM では、特定のシチュエーションを想起する SE（例：包丁を切る音）が流れ、状況説明をするナレーション（例：「キッチンで夕食の支度をする人がいます」）が入る。テレビ CM では、マンガのコマとセリフ、SE が流れ、新聞広告とラジオ CM の表現をミックスした方法となっている。そして新聞広告では下部に、ラジオ CM とテレビ CM では最後に「聞こえてきたのは、男性の声ですか？ 女性の声ですか？」（ラジ

ォ CM は「想像したのは男性の姿ですか？　女性の姿ですか？」)、「無意識の偏見に気づくことから、はじめませんか。」という文言が添えられている。

　おそらく多くの人が赤ちゃんに駆け寄る人、キッチンで夕食の支度をする人を女性だと思ったのではないだろうか。もちろん、女性を想像したから間違っているというわけではなく、こういったシチュエーションの場合はいずれかの性別が割り振られているはずだ、と思い込んでしまっていることそのものを問題提起するものである。

■ 2. 例 2：セイバン「ランドセル選びドキュメンタリー篇」

　2 つ目は、株式会社セイバンが 2023 年 2 月 1 日に公開した親子のランドセル選びドキュメンタリーウェブ動画である。「天使のはねランドセル」の新しいブランドメッセージ「キミが好きなの、キミが選ぼう。」に合わせて公開されたもので、2024 年 2 月 29 日時点で 72 万再生されている。舞台は心斎橋にあるセイバンの直営店、前半は保護者たちがランドセルを選んでいる子どもたちの様子をモニタリングしながら、「(自分の) 子どもはこれが好きなはず」「汚れが目立たなそうな色を選んでほしい」などとそれぞれコメントをしている。そして、子どもたちが選んだランドセルを見て安堵する保護者たちに、とある事実が伝えられる。今、子どもたちが選んでいたのは「自分が使いたいランドセル」ではなく「保護者が選んでほしそうだと思うランドセル」だというものだ。後半では、子どもたちが「自分が使いたいランドセル」を選ぶのだが、その選択に保護者たちは戸惑いを隠せない。たとえば「かっこいいからパパが好きだと思う」と言って黒のランドセルを選んでいた男の子は白を、「お父ちゃんは黒、お母ちゃんは赤が好きだと思う」と言って赤い縁に黒のランドセルを選んだ男の子はピンクを、「ママはいつもピンクがかわいいというから」と言ってピンクのランドセルを選んだ女の子は青を選んだ。このように、保護者による「自分の子どもはこの色が好きなはず」という思い込み（＝アンコンシャス・バイアス）や「女の子だから／男の子だからこの色を選んでほしい」という期待（＝ジェンダー）を、子どもたちが保護者のこれまでの発言などから感じ取っていることがこの動画には如実に現れている。

　中野香織が指摘するように、ピンク＝女の子の色、ブルー＝男の子の色とい

う慣習は 1950 年代になって定着したものであり、歴史のなかでも二転三転してきた根拠のあやふやなジェンダーシンボルである（中野 2005）。性別による色分け自体があいまいであるにもかかわらず、なぜか色とジェンダーは結びつけられやすい。広告で用いられる色調もまたそうである。たとえば、男性向けの広告であれば黒や寒色系、女性向けの広告であれば赤やピンク、暖色系の色調が採用される傾向にあることは容易に想像ができるだろう。私たちが「それが当たり前」であるかのように認識できるくらいくり返し使用され続けているということに、あまりにも慣れすぎてしまっているのだ。

第 3 節　映画ポスターは誰に向けられたもの？

　明確にどの性別を対象としているかがわかりやすい広告とは異なり、映画ポスターはとくに性別の対象に制限はない。映画を見ることができる年齢制限の枠を規定するレイティング・システムや、性別に偏りがある特定のジャンルはあるものの、本編を見ることが制限されていたり、そうした性別の傾向があったりするというだけであって、ポスター自体は（よほどのことがないかぎり）誰でも閲覧することができる。しかし、注意深く観察してみると、映画ポスターもまたジェンダー化されていることに気がつく。

1. ＃女性映画が日本に来るとこうなる

　2016 年 9 月頃に Twitter（現 X）で話題となった「＃女性映画が日本に来るとこうなる」というハッシュタグがある。これは、20 世紀初頭のイギリスを舞台に婦人参政権を求めた女性たちを描いた映画 *Suffragette*（2015）の邦題が『未来を花束にして』に決定したことを受けて作られたものだ。'Suffragette' とは英語で「女性参政権運動家」を意味する言葉だが、日本の配給会社はこれをそのままカタカナ表記にはせず、映画の内容がタイトルからは想像しづらいタイトルに変更した。

　また、劇場用の映画ポスターもほかの国と比べると、いわゆる「女性らしい」とされるような繊細なフォントや淡い色調が用いられており、女性たちが権利を獲得するために闘ってきた歴史を扱っているはずなのにその要素が削ぎ

24　第 I 部　シンボルとしての広告

落とされている印象を受ける。海外での公開は 2015 年、日本では 2017 年とや や遅れての公開だったため、本作の日本公開を待ち望んでいた人たちからすると拍子抜けしてしまったことは想像に難くない。先のハッシュタグは、こうした海外の女性映画が日本で公開される際、本来その作品がもちうるメッセージが伝わりづらいような宣伝、ないしは性差別的な宣伝が行われることを例示する投稿に用いられ、現在でも検索すると閲覧することができる。

　北村紗衣によると、女性映画とは「女性が主要な登場人物で、女性観客をターゲットにしている映画ジャンル」のことを指す（北村 2019: 152）。北村は「女性映画」という言葉自体が映画界における性差別のしるしであるという指摘をした M. ハスケル（1974=1992）や、消費社会の誕生および第二次世界大戦により男性観客が減少することを懸念したことによって、1940 年代は映画の主要な観客として女性が想定されるようになったことを指摘した M. A. ドーン（1987=1994）を紹介しつつ、「より良いマーケティングへの期待」（北村 2019: 155）について言及している。北村はマーケティング全体について苦言を呈しているが、映画ポスターに限定するならば、女性観客をメインターゲットとして宣伝する際、作品の内容やジャンルを問わず「女性観客はこうしたフォントや色調が好きであろう」という作り手側のアンコンシャス・バイアスによって観客側とのミスマッチが生じていることが指摘できるだろう。

■ 2. 映画ポスターにおける男女の割合とジェンダー表現

　次に、映画ポスター上に描かれる男女の割合とジェンダー表現について注目してみよう。S. アルマレキ（Sara Almaleki）は、1950 年から 2018 年までのアカデミー賞作品賞を受賞したアメリカ映画 62 作品を対象に、映画ポスターにおけるジェンダー表現と男女間の平等について調査をしている（Almaleki 2019）。アルマレキは、女性の優位性が認められたポスターを女性ポスター（Female poster）、男性の優位性が認められたポスターを男性ポスター（Male poster）、そして、男性・女性ともに存在するポスター（Both-Genders poster）、ゲイやレズビアンが表象されているポスター（Other-Genders poster）、人物以外が描かれたポスター（No-Gender poster）の 5 つに分類し、男女の外見の平等（Gender's Appearance Equality）、女性性の表現（Femininity Representations）、男性性の表現

（Masculinity Representations）の3つの視点で分析を試みている。その結果、男性ポスターが55％、女性ポスターが15％、男性・女性ともに存在するポスターが11％、人物以外が描かれたポスターが19％、そしてゲイやレズビアンが表象されているポスターが0％で、女性よりも男性がより多く表現されていることがわかった（2017年に受賞した『ムーンライト』はゲイ男性が主人公だが、調査の際、映画ポスターに描かれている男性のセクシュアリティが判別できないと見なした可能性がある）。

　年代で分けると、1950年代から1960年は人物以外が描かれたポスターか女性ポスター、1960年代から1970年は男性ポスターと女性ポスターが半々（この年代はイギリス映画が3本あり、それらは調査外）であった。しかし、1970年代から1980年は男性ポスターが優位を占めて、1980年代から1990年も同様に男性ポスターの方が数が多かった。1990年代から2000年は、数としては男性ポスターが多かったが、男性・女性ともに存在するポスターも数は少ないながら登場した。2000年代から2010年代も数としては男性ポスターが多数であった。

　また、ジェンダー表現をみていくと、男性は犯罪を捜査したり、銃や武器を持ったり、軍隊や将校の役割を果たすなどといった姿が描かれ、女性よりもシリアスに描かれていた。それに対し、女性は家族のシーンやロマンチックな関係、セックスアピールを表すものとして描かれていた。すなわち、男性はその人物の属性や力強さを示す姿が、女性はアイキャッチ的な機能として描かれる傾向にあることがうかがえる。

■ 3. レイアウトやしぐさからみる女らしさ／男らしさ

　これまで映画ポスターを対象にジェンダー表現を研究したものは少なく、アルマレキの調査結果と分析は非常に興味深い。これに加えE.ゴッフマン（Erving Goffman）が『ジェンダー広告（Gender Advertisements）』（1979）で行った分析方法を用いることにより、さらに映画ポスターにおけるジェンダー表現の偏りを明らかにすることができるだろう。ゴッフマンは、1970年代のアメリカにおける新聞や雑誌などの広告画像を対象に、男女それぞれのレイアウトやしぐさなどの表現を調査している。その結果、女性はか弱く劣位な存在として、男性は力強く優位な存在として表示されることを浮き彫りにした。上野千鶴子はゴッフマンの調査を援用し、時代や国によって表現方法は異なるも

の、日本の広告画像においても社会＝男性が求める女／男らしさの特徴があることを明らかにした（[1982]2009）（表2-1）。アルマレキが行った女性性／男性性の表現の分析に表2-1の項目を追加調査することにより、具体的にどういったしぐさがそのようにみえるのかがわかりやすくなるだろう。

表2-1　ジェンダー表現の分析項目リスト（上野（2009）、pp.247-250を参考に筆者が作成）

1. サイズの違い
①男は大きく、女は小さく
②大女と小男

2. フェミニン・タッチ
①男のタッチ
②儀礼的タッチ
③セルフタッチ

3. 役割のランク
①男がリーダー
②女がリーダー
③性役割
④性役割の逆転
⑤えさねだり

4. 家族
①両親と子ども
②母と子・父と子
③子どもたち

5. 服従儀礼
①身を低める
②横たわる
③位置の上下
④膝を曲げる
⑤からだをかしげる・小首をかしげる
⑥ほほえみ
⑦腕でかばう
⑧腕を組む・肩を抱く・手をつなぐ

6. 公認のしりごみ
①逃避・はにかみ
②口をおおう
③あごに手
④額をおおう
⑤指いじり・うつむく・そらす
⑥物かげからの参加
⑦よりそう・よりかかる
⑧ポケットに手
⑨防御姿勢（腕組み・足組み）

7. 性的誘引（唇・胸・尻・性器）

8. 誇張と攻撃
①誇張
②半防御半攻撃
③にらむ（視線による攻撃）
④挑発的コケットリー
⑤逆転した攻撃

　では実際に、女性ポスター、男性ポスター、男性・女性ともに存在するポスターを1作品ずつあげて分析してみる。

　女性ポスターの例として、1959年受賞の『恋の手ほどき（原題：*Gigi*）』（1958）をみてみよう。白地の背景、上部に細めのフォント・黒色でキャッチコピー「THE FIRST LERNER-LOEWE MUSICAL SINCE "MY FAIR LADY"（『マイ・フェア・レディ』以来となるラーナー・ローベのミュージカル）」、下部に細いフォント・黒色で監督やキャストなどの情報が書かれている。中央にルージュで書かれているような赤色でタイトル「GiGi」が配置され、1つ目の「i」の点に（小首をかしげ笑みを浮かべ、こちらに向かってウインクをしている）女性の顔が収まっている。小首をかしげて微笑んでいるのは「5. 服従儀礼（⑤からだをかしげる・小首をかしげる、⑥ほほえみ）」に該当し、ウインクに該当する項目として「8. 誇張と攻撃（④挑発的コケットリー）」があげられるだろう。コケットリーとは、女性が男性に提示する媚態を意味する。赤色のタイトルもどこかセクシュアルな

印象を受け、ルージュからの連想で「7. 性的誘引（唇・胸・尻・性器）」に該当していると見なすことができる。女性が主人公の作品であるため女性映画に分類されるだろうが、ポスターの構成だけをみると男性観客をターゲットにしているようにもみえる。

　次に、男性ポスターの例として、1979 年受賞の『ディア・ハンター（原題：*The Deer Hunter*）』(1978) をみてみよう。黒地の背景に白抜きで男性の肩から上の大写し、拳銃をこめかみに当て、額に巻いたバンダナ部分だけが赤色になっている。下部に大きく太いフォント・白色でタイトル「THE DEER HUNTER」が配置され、その下に同じく白色で監督やキャストなどの情報が書かれている。こちらを睨みつけるような目が印象的で、「8. 誇張と攻撃（③にらむ（視線による攻撃））」にあてはまる。全体的に『恋の手ほどき』とは反転した色調を用いているが、どちらも赤色が効果的に使用されている。しかし、『恋の手ほどき』ではセクシュアルなものを想起する色として使用されていたのに対し、『ディア・ハンター』ではこめかみに当てた拳銃から血の色を連想させる。同じ色であっても、そこに写し出されている人物やシチュエーション、小道具によって異なる印象を受けやすいことがわかる。

　最後に、男性・女性ともに存在するポスターの例として 1999 年受賞の『恋におちたシェイクスピア（原題：*Shakespeare in Love*）』(1998) をみてみよう。上から下にかけて赤色とオレンジ色と黒色のグラデーションがかかった背景に、バストショットで横を向き左にいる男性が右にいる女性の額にキスをしようとしている。そして、そのふたりの間に小さく横を向いた男性（おそらく同一人物）の全体のシルエットが挿入されている。上部には細いフォント・白色でキャッチコピー「LOVE IS THE ONLY INSPIRATION（愛こそが唯一のインスピレーション）」、中部左側に細いフォント・金色でキャストの名前、下部に太いフォント・金色でタイトル「SHAKESPEARE IN LOVE」、その下に小さく赤色の文字で監督等の情報が書かれている。男性と女性はどちらも同じくらいのサイズで写し出されているが、女性の方がこちらに向けて顔の表情が汲み取りやすい角度になっている。また、男性が上、女性が下に配置されており、「5. 服従儀礼（③位置の上下、⑤からだをかしげる・小首をかしげる）」の項目が該当する。『恋の手ほどき』と『ディア・ハンター』と同じように赤色が使用され

ているが、それらとは異なり、背景の色味として使用されている。全体に赤色（オレンジ色・黒色のグラデーション）を入れることによって、ふたりの情熱的な関係を表現しているように見受けられる。また、中央に男性のシルエットが入ることで、本作の主人公は男性で、男性視点で物語が進行することを予測させる。

■ 第4節 身のまわりの広告を観察してみよう

　本章では性別二元論、ジェンダー、アンコンシャス・バイアスをキーワードに、公共広告やプロモーション動画を紹介、そして映画ポスターを分析してきた。ここからはぜひ読者が率先して観察を進めていってほしい。具体的に分析を行ったのは映画ポスターだが、いろいろなバージョン（国、年代による違い）があるため、国ごとに比較することによって、レイアウトやフォント、色調、年代によって表現に変更があるかなどを発見することができるだろう。また、今回は先行研究をふまえてアカデミー賞作品賞を例に分析していったが、日本アカデミー賞の歴代最優秀作品賞や特定のジャンルにおける特徴を調べてみるのもおもしろいかもしれない。

[関連書籍紹介]
小林美香，2023，『ジェンダー目線の広告観察』現代書館．：街中で見かける広告をジェンダーの視点から読み解く1冊。本章1・2項であげたキーワードの事例をより詳しく知りたい読者におすすめしたい。
上野千鶴子，[1982]2009，『セクシィ・ギャルの大研究——女の読み方・読まれ方・読ませ方』岩波書店．：人間の「しぐさ」の文法を明らかにした良書。まずはこれを参考に広告観察をしてみるとよい。

[引 用 文 献]
Almaleki, Sara, 2019, "Gender Representation and Equality in American Film Posters from 1950s to 2010s," *The International Academic Forum*.

Goffman, Erving, 1979, *Gender advertisements*, Macmillan International Higher Education.

加藤秀一，2017，『はじめてのジェンダー論』有斐閣．

北村紗衣，2019，『お砂糖とスパイスと爆発的な何か——不真面目な批評家によるフェミニスト批評入門』書肆侃侃房．

中野香織，2005，『モードの方程式』新潮社．

3

Chapter

美容クリニックの広告

規制と批判の間で

谷本　奈穂

・・・・・・・・・・・・・・・・・・・・・・・・・・

　本論では（メスを使う・使わないにかかわらず）美容整形に関わる病院を「美容クリニック」と称する。2023 年、ある美容クリニックの電車内広告が物議を醸した。制服姿で走る女性の写真、「たった 3 年の高校生活。1 秒でも長くカワイイ私で過ごしたい」といったキャッチフレーズ、そして二重まぶた手術の値段が掲載されていたのだ。「未成年を美容整形の対象にしている」、「キャッチコピーがコンプレックスを煽る」といった批判が SNS 上でなされた。美容クリニックの広告は、根底に社会的な美意識があり、それに対する批判もあり、そして医療法などによる規制もある。その歴史や内容分析を通じて、文化と規制のせめぎあいのなかで生み出される広告について考えていこう。

・・・・・・・・・・・・・・・・・・・・・・・・・・

■ 第 1 節 ｜ 美容クリニック広告へのアプローチ

　化粧品、エステサロン、サプリメントなど**美容産業**に関わる広告は数多い。それらに関する先行研究もすでにある（たとえば化粧品広告の研究に谷本 2019、石田2015 など）。だが美容クリニックの広告に焦点を当てた議論は、多くはない。

　美容クリニックは医業に分類されるが、そもそも医業に関する広告は、医療法（1948 年成立、その後何度も改定される）とほかの規定（業界の自主規制）により、かなり制限を受けている。虚偽であったり誇大であったりする表示は禁止されており、具体的には①比較優良広告、②誇大広告、③公序良俗に反する内容の広告、④患者そのほかの者の主観または伝聞に基づく、治療等の内容または効果に関する体験談の広告、⑤治療等の内容または効果について、患者等を誤認させるおそれがある治療等の前または後の写真等の広告、があげられている。青木律（2019）によると、「当院はおかげさまで開院から 20 年を迎えることが

できました」は広告可能だが、「当院は開院以来20年間、地域のトップの病院として最先端の医療を提供してまいりました」は違反と判断される可能性が高く、「イエス、〇〇（クリニック名）」「好きな言葉は情熱です」は合法であるが「きれいになりたい人はどうぞいらっしゃい」は指導を受ける可能性が高いという。

　このように、一方で美容クリニック広告は、医療として厳格な規制を受ける。他方で、その根底に社会的な美意識や外見に対する価値観も含む。規制と外見への価値観のせめぎあいを考察するために、次のようなアプローチを行いたい。

　まず美容クリニックの歴史を概観しよう。時代や社会に応じて医療や美に対する意識も変わるため、広告の性質は時代ごとで異なる。と同時に、過去において形成された意識は、現在の意識にも連なっているだろう。そのため、美容クリニック広告を扱う際には、歴史的な視点から対象をとらえることが重要である。

　次に、歴史を知ること以外に、現在の美容クリニック広告の内容をきちんと理解する必要もある。ここでは**テキストマイニング**という手法を用いて、ウェブにおける広告の内容を分析する。テキストマイニングとはコンピュータプログラミングを用いて、大量のテキストデータからパターンや関係性を把握する手法である。

　最後に、2つの調査・分析結果を通じて、美容クリニック広告の役割や問題点を考え、より良い広告とは何かを考えてみよう。

■ 第2節 ｜ 美容クリニック広告の歴史

■ 1. 大戦前と戦後の混乱期まで

　美容外科手術は1896（明治29）年に美甘光太郎が二重手術を医学書に報告したのが始まりといわれている。筆者が見た範囲でもすでに1908（明治41）年には「美貌的隆鼻術」という耳鼻咽喉科医院の出した広告があり、手術が始まって間もなく、美容クリニック広告は登場していたことがわかる（図3-1）。

　その後、大正時代、昭和初期に精力的に広告活動を行ったのは埋没式 重瞼

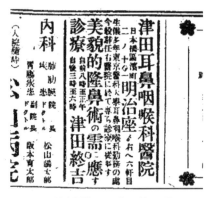

図3-1　読売新聞1908年1月26日

術で有名となった内田孝蔵である。彼は当時としては最先端のメディアであったラジオや婦人雑誌を利用して広告活動を行った。彼が1931（昭和6）年に出版した広報用の冊子には「名優」「女優」といった有名人を含め、多くの人の、術前と術後の写真一覧が掲載されている（図3-2）。美容クリニック広告は、草創期からいわゆる「ビフォー／アフター」写真を使用していたことがわかる。この冊子は、内田が行った1928（昭和3）年のラジオ講演「目の美容と表情」をもとに、「新整形手術式を加へ寫眞を添へ」て作成されたもので、いわゆるメディアミックス広告の走りといえる。4版まで重刷がかかっており、かなり広く読まれたようである。

　同時期（昭和初期）に新聞広告は若干存在しており、施術と病院名のみの情報が掲載されている。たとえば「アルゴー療法／美容大学院」「肉質隆鼻の話／林」「顔面整形　隆鼻術　豊頰術／大阪十全薬品部」などである。

　ただし、これらの広告は例外といってよく、第二次世界大戦以前は、宣伝はさかんではなかった。白壁征夫・白壁聖亜（2021）は、先に紹介した内田の広告などを除いては、日本の美容クリニック広告は、戦後の混乱期までほとんどみられなかったと指摘している。戦後の混乱期（1945〜50年代前半）に登場したパンフレットも、院外に向けた広告というより、来院した患者に出す院内用冊子で、医師免許をもたない「ニセ医者」が横行したため医師免許をもっていることを示すためのものだったという（白壁征夫・白壁聖亜 2021: 67）。

　同時期に新聞広告は存在していたが、1950年代前半では、やはり施術の種類と病院名のみで、この2つが基本要素となっていた。「整形　二重まぶた、キズ、アザ、ひつつり／内田整形相談所」、「顔の整形　高橋研三著／高橋耳鼻咽喉科」、「鼻整形／銀座耳鼻科」、「美容整形　鼻の美容医学／古川研究所」などである。

　この時期は、美容クリニック広告自体があまりみられなかったこともあり、

広告への批判も基本的にはみられなかった。こうした状況に変化が起きるのは1950年代後半からのことである。美容クリニック広告が増加していくとともに、そうした広告への抵抗感や批判もみられるようになっていく。

■ 2. 広告が隆盛となる1950年代後半以降

美容クリニックの広告が花開いていくのは第二次世界大戦後しばらく経った1950年代後半からのことである。たとえば東京美容整形研究所のオルガノーゲン（かつて顔面やバストなどの注入手術に使われた素材）の広告は目立っており、新聞や女性週刊誌である『週刊女性』(1957年創刊)や『女性自身』(1958年創刊)に登場していた(図3-3)。オルガノーゲンは、周囲組織へ浸潤し組織変性を起こして、しこりになることがわかっており、現在は使用されていない。しかし当時の広告では「美しくなれる」「痛み、副作用もなく」「希望通りの整形」といった言葉もみられ、現時点から考えると問題があるものといえよう。

この時期の新聞を分析したところ、美容整形に対する2つの態度が併存していることがわかった。一方では、読者投稿からなる「街の声」や「法律相談」などのコーナーがあり、そのなかで、手術の

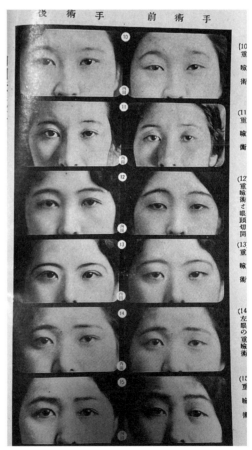

図3-2　内田孝蔵1931『寫眞説明　眼・唇・整形いろいろ』丸ビル眼科出版部

第3章　美容クリニックの広告　｜　33

図3-3　読売新聞1957年6月2日

失敗や病院の強引な勧誘など美容整形が批判的に伝えられている。他方で、広告やクリニック医師が回答する「美容相談」コーナーは、美容整形の魅力・メリットを打ち出している。つまり、誌面上では広告（あるいはそれに類する記事）で人々を誘引しようとする動きがあり、だが世間には美容整形に対する不信感や抵抗感もあったことが記述されているのである。「人々の欲望を刺激し喚起しようとする美容産業の言説と、そうした美容クリニック広告への批判的な視線」が併存するパターンがこの時期に成立したといえよう。

　50年代後半から60年代にかけて、美容クリニック広告はさらに勢いを増していく。クリニック名を連呼するテレビ広告や、クリニック名だけをベタベタと貼りつけた電柱広告などもみられた。テレビ広告や電柱広告は、従来の新聞広告と同様に、シンプルにクリニック名称を印象づける形式を採用していたのである。限られた時間や空間のなかで、規制に違反せず、効果的な広告をうつ方法として、クリニック名の連呼が有効であったのであろう。

　一方で美容クリニック広告への批判も強まっていった。たとえばルポライターの河野正博（1973）は「堂々たる違反広告が戦後二十数年間も続いてきた」とし、戦後から1960年代にかけて「違反広告、あるいは誇大広告を平然とやってきた美容整形なるものは、富山のクスリ売り、いや、ガマの油売りよりもまだ質が低い」（河野 1973: 198）と糾弾している。

　違反広告や誇大広告については、1967年に医療法（医業等に関する広告制限）に違反したクリニックが摘発され、それをきっかけにして、内容的には法律の範囲内で収まるものへとだんだんと変化していった。

　ただし量的には増え、1970年代からは女性週刊誌への広告がさかんになる。

河野は、この増加した美容クリニック広告に関しても批判を加えている。広告料の高さにふれつつ、「美容整形の世界は広告の量が患者の量に比例するといわれる」（河野 1973: 190-191）、「医師は広告費のために働き、患者もまた広告費のために高い手術料をとられるという悪循環を果てしなくくり返している」（河野 1973: 205）と医療が商業主義に陥っている原因として、広告の存在をあげている。なお 1970 年代において、化粧品の公害訴訟があったり、高度経済成長による産業化・工業化に反対する自然回帰の運動があったりした。上記のような批判はそういった時代背景とも結びついているだろう。

1980 年には個人院ではなくチェーン展開するクリニックが登場し、90 年代には非外科的処置（メスを使わない）の美容医療も広まって、ますます広告はさかんになる。さらに 1990 年代・2000 年代はインターネットが普及するという大きな変化があり、ウェブ広告が増え、より多くの人の目にふれることになっていく。しかも当初ウェブサイトは医療法の規制対象ではなかったのである。

ウェブを含めて増え続ける広告に伴い 1995 年には日本美容医療協会が自主規制を打ち出したものの、自主規制では足りず、結局、美容医療に対する相談・苦情が内閣府消費者委員会に多く寄せられる事態となった。相談の増加によって 2015 年消費者委員会から法的規制を求める建議が出ることになり、2017 年には医療法等の一部を改正する法律が成立し、ウェブサイトも規制の対象となるに至った。ここでも美容クリニック広告に対する社会的な不信感がみてとれよう。

■ 3. 近年における改善

近年では、美容クリニックにおける虚偽広告・誇大広告は改善されつつある。また美容クリニック広告に限らず広告全般が、あらゆる身体を平等に扱うことを目指す「ボディ・ポジティブ」の運動や、第四波フェミニズムの動きなどに連動して、差別に対して敏感になり、身体のあり方に対してよりポジティブな表現を使用したり、プラスサイズモデル（ふくよかなモデル）を使ったりするようにもなった。

だが、それでも、美容産業に関わる広告を分析した小林美香（2023）は「白人コンプレックスと分かち難く結びついた審美観」「コンプレックスを煽り立

てる表現」など多くの問題点を指摘し、「美容産業が（中略）外見を重視する構造自体は変わりません。美容産業が作り出す表象がルッキズムに加担しない方法を開拓することはやはり困難と言わざるを得ない」（小林 2023: 68-69）と結論づけている。問題は、広告の法令違反にあるのではなく、広告が作り出す表象そのものが外見規範を強め、コンプレックスを煽るところにあるというのである。美容に関わる広告は、規制を守っても中身で批判されるのだ。

　歴史的にみると、例外を除いて簡素に始まった美容クリニック広告は、医療法の規制を受けながらも増加の一途をたどり、剥き出しの欲望が投影され、またそれを批判されてきた。近年では、規制や世相に基づいて内容は変化してきたが、それでもなお批判が存在している状況といえる。

■ 第3節｜ウェブ広告の分析

　広告を考察するためには、（歴史を概観する以外に）現在の内容をきちんと把握する必要がある。美容産業広告（エステや化粧品など）に関する論考はあるが、美容クリニック広告を対象にした研究は多くなく、それを量的に把握した研究にいたってはほとんどないため、自分で調べるほかない。美容クリニックのHP（ホームページ）は通常の病院のものと違って、かなり広告に近いものとなっていることから、本論ではHPを対象とし、テキストマイニングという手法で分析することにしよう。美容クリニックHPが結局「何を語っているか」を確認していくことにする。

　クリニックの違いによる内容の偏りを減らすため、施設数の多いクリニック上位から2つ選択し（データ収集には関西大学・竹中要一氏の協力を得た）、HPのデータを統合した。すると、総抽出語数は1億9845万1735語と膨大な数に上った。うち異なり語数（あるテキストデータ内で異なる単語の数）は9万1469語であった。驚くことに全語数のうちの0.046％の言葉でHP全体が成立していたのである。

　つまりは巨大な言葉の海のなかで、同じ言葉だけがくり返し、くり返し使われていることがわかる。このこと自体がまずは大きな特徴といえるだろう。

　さらに分析を進めるには、データ量の問題があったため、完全に一致する文

章を削ってデータ量を調節した。調整後は、総抽出語数3949万5657語、異なり語数9万1469語となった。以下の分析はこのデータ縮小版を使用している。

表3-1にある通り、美容クリニックのHPでもっとも多い語は「クリニック名称」である。HPにおいても、従来のテレビ広告や電柱広告でみられたクリニック名の連呼が相変わらず行われているとわかる。

クリニック名称の次は、「症例」、「整形」、「施術」、「モデル」、「美容」、「治療」、「エリア」、「予約」と続き、それ以降も地名や一般的な語ばかりで、誇大な表現、過度に主観的な表現、効果に関わる語彙、コンプレックスを煽る感情的な表現は見当たらなかった。規制は遵守されていると思われる。

クリニック名の次にもっとも多い「症例」に注目し、これと関連した語を調べてみた。関連語句は「モデル」、「予約」、「写真」、「施術」、「医師」となっている（表3-2）。実際のページも確認していくと、たしかにモデルや写真と結びついており、言葉ではなくビジュアルに訴える作りになっている。一見それとわからない作りになっている場合もあるが（動画とリンクさせ、リンク先に飛ばないとわからないなど）、端的にいえば「ビフォー／アフター」の提示が行われているのである。

表3-1　ウェブ広告頻出語句

抽出語	出現回数
クリニック名	1510173
症例	289889
整形	227781
施術	227672
モデル	227217
美容	212304
治療	211990
エリア	191599
予約	190995

表3-2　症例と関連する語

	抽出語	品詞	全体	共起	Jaccard
1	モデル	名詞	35661 (0.108)	35593 (0.714)	0.7127
2	予約	サ変名詞	43864 (0.133)	34795 (0.698)	0.5903
3	写真	名詞	26770 (0.081)	26455 (0.530)	0.5271
4	施術	サ変名詞	58208 (0.176)	37192 (0.746)	0.5246
5	医師	名詞	50441 (0.153)	30417 (0.610)	0.4352

現代の美容クリニックの広告は、医療法や業界の自主規制を遵守し、誇大であったり虚偽であったりする表現は改善されている。ただし、「同じ言葉のくり返し」と、1931 年以来使用され続けてきた「ビフォー／アフター」の使用がみられる。その意味では 100 年近くにわたって、基本要素は変わっていないとさえいえよう。

■ 第 4 節 ｜ より良い美容クリニック広告に向けて

美容系クリニックの広告は、規制と批判のせめぎあいのなかで作られてきた。仮に規制を守っても批判の対象とされてきた。そして、批判に対応しようとした結果、クリニック名などの「言葉のくり返し」と「ビフォー／アフター」という昔ながらの手法が残ったのである。広告の内容は変わったようにみえても、その実はあまり変わっていないといえるだろう。

美容クリニックの事例からわかるのは、広告は「規制をすれば済む」わけではないことだ。規制をしても問題がなくなるわけではない。むしろ規制することでかえって情報が薄くなるという逆効果さえあるのではないだろうか。広告の目的を、患者の収集だけではなく、情報提供（正確な情報を伝える）にもあると考えれば、情報を削る規制よりも、むしろ情報（ネガティブなものも含めて）を付け加えるべきとするルールづくりが建設的であろう。いわば広告の可能性を狭める方向よりも広げる方向性が、美容クリニックには適していると思われる。

また、ウェブ上の美容クリニック広告は、HP だけではなく、SNS を利用したものが増加している。今後 SNS 広告に関する研究が待たれるだろう。

［関連書紹介］
荒川歩・鈴木公啓・木戸彩恵編著，2023，『〈よそおい〉の心理学──サバイブ技法としての身体装飾』北大路書房．：人が服やメイクなどでよそおうことを心理的・社会的機能から探っている。
谷本奈穂，2018，『美容整形というコミュニケーション──社会規範と自己満足を超えて』花伝社．：「なぜ人々は美容クリニックに行くのか」というそもそもの動機について調査・分析している。

［引 用 文 献］

青木律，2019,「広告規制と美容医療」『Pepars』147: 129-134.

石田あゆう，2015,『戦時婦人雑誌の広告メディア論』青弓社.

河野正博，1973,『美容整形の内幕――黒のドキュメント』恒友出版.

白壁征夫・白壁聖亜，2021,「日本における美容外科の歴史（6）日本の美容医療広告からみた美容外科の変遷」『日本美容外科学会会報』43(2): 95-106.

谷本奈穂，2019,『美容整形と化粧の社会学 新装版――プラスティックな身体』新曜社.

小林美香，2023,『ジェンダー目線の広告観察』現代書館.

内田孝蔵，1931,『寫眞説明　眼・唇・整形いろいろ』丸ビル眼科出版部.

4

反復される「普通の青春」

テレビ CM のなかの「高校生」

小川　豊武

・・・・・・・・・・・・・・・・・・・・・・

　2020 年の新型コロナウイルスのパンデミックの時期に、マスメディアやインターネット上で「奪われた青春」という表現がくり返し見られた。それらの多くは、高校生や大学生が学校の休校やオンライン化によって、通常の学校生活を送れなかったことを指していた。若者の「青春」が「奪われた」というためには、あらかじめ若者がこのような「青春」を「所有」しているという前提が必要となる。しかし、当たり前のことだが、若者は一人ひとり異なる日常生活を送っている。私たちは若者がいったい何をしていれば、それを「青春」と呼ぶことが可能になるのだろうか。そして、若者がそのような「青春」を「所有」しているという共通理解はどこから生じているのだろうか。本章ではこのような「共通理解」という側面から広告について考えてみよう。

・・・・・・・・・・・・・・・・・・・・・・

第 1 節　テレビ CM が描く「青春」

　冒頭で述べた「青春」の共通理解は、学校や法律などの制度によってもたらされているというよりも、もっと漠然と、しかし確固としたものとして人々に広く共有されているように思われる。それを担っているものの 1 つとして考えられるのが、メディアにおける「青春」イメージの表象である。

　テレビ CM も、「青春」イメージをくり返し描いてきた。近年、もっとも話題になったものの 1 つとしてあげられるのが、2017 年から 19 年にかけて放映された日清カップヌードルの『HUNGRY DAYS アオハルかよ。』だろう。この作品は、「魔女の宅急便」「アルプスの少女ハイジ」「サザエさん」など誰もが知るアニメのキャラクターがもしも現代の「高校生」だったらという設定で「青春」のストーリーが展開されるというものである。これはシリーズとして

制作・放映され、その予告編と位置づけられるCMでは、「放課後、片思い、告白、卒業証書、青春と書いてアオハル」というナレーションが流れる。このシリーズではCMの冒頭に「青春」、最後に「アオハルかよ。」というテロップが挿入され、「青春」をテーマにしていることが明確に示されている。

　「青春」をテーマにしてきたテレビCMが、必ずしもこのように「青春」という言葉をCMのなかに明示しているわけではない。それでも、私たちはそれらを「青春」をテーマにしたテレビCMとしてごく当たり前に理解することができているように思われる。一般的に「広告の社会学」というと、広告を「時代の反映」や「ステレオタイプの押しつけ」として分析することがイメージされるかもしれない。しかしながら、そのように広告を多様な観点から解釈するためには、あらかじめ対象となる映像が広告として理解できている必要がある。そして、その前提は、誰もがその映像を広告として理解できているという点できわめて社会的な現象であり、その意味でも社会学の対象となるのである。このような観点から、本章では「青春」をテーマにしたテレビCMがどのように広告として理解可能になっているのかについて分析する。

■ 第2節 │ テレビCMという実践

　私たちが広告を広告として理解できるということは、いいかえると、広告が「何をしているか」がわかるということである。たとえば、商品広告の場合は、なんらかの商品の価値を伝えて、購入を促進しているということがわかれば、それは広告と理解されるだろう。逆にそのように「何をしているか」がわからないと、私たちはそれを広告とは理解できないかもしれない。たとえば、先述した日清カップヌードルのテレビCMのなかには物語内にカップヌードルが出てこないものもある。これでもし、CMの終わりに「HUNGRY DAYS」というキャッチコピーとともに、カップヌードルのパッケージが映し出されなければ、私たちはこの映像がいったい何の広告か理解できずに戸惑ってしまうだろう。私たちが広告を理解できるということは、広告がどのような行為を行っているのかを理解できるということなのである。

　こうした**広告の理解**について吉沢夏子（1987）は、広告が社会的脈絡のなかで

広告として理解されることと、広告のなかで行われることが理解されることの、両者の絡みあいによって広告理解が可能になっているとしている。難波功士 (2000) はこうした広告理解が時代や社会によって変化することに着目した。

　また辻大介 (1998) は、広告は「広告である」と明言（前景化）されてしまうと、「この商品はよい」という基層的なメッセージの信頼性が損なわれてしまう逆説性を持つとした。そのために、広告は「広告である」ということを背景化させ、「事実の告知」や「芸術作品」などの体裁を装う擬装的な言行行為であるとした。是永論 (2017) はこうした議論を受けて、受け手が「広告を見る」実践を分析するために、映像理解においてどのような「**規範**」が参照されているのかに注目することが重要だと指摘していた。

　私たちはさまざまな行為を理解する際になんらかの規範を参照している。たとえば、朝知り合い同士が出会った際に、お互いに「おはよう」と言い合う場面を、私たちは「挨拶をしている」と理解する。その際に、一方が挨拶をしたら、もう一方も挨拶をするべきだという規範が参照されている。一般的に規範は私たちの行為を制約するものと考えられているが、それ以前に、規範は私たちの行為の理解を可能にしているものでもあるのである（行為の理解における規範の参照という考え方については、小宮 (2007) を参照してほしい）。

　以上の観点から、次節からは、テレビ CM 内の「青春」イメージはどのような規範を参照して理解可能になっているのか、それは広告としての理解可能性とどのように関係しているのかに着目しながら分析を行っていくことにする。

■ 第 3 節 ┃ 事例分析：清涼飲料水の CM が描く「青春」

■ 1. 事例の概要：「カルピスウォーター」のテレビ CM

「青春」をテーマにしたテレビ CM の事例として、本章ではある時期から「青春」をテーマにしたテレビ CM を継続的に制作・放映している「カルピスウォーター」の CM を取り上げよう。そのなかでも、コロナ禍より前の 2016 年から 21 年にかけて放映された、俳優の永野芽郁が出演したテレビ CM を取り上げる。出演 2 年目となる 2017 年の「PR TIMES」の記事では、「昨年に引

き続き、元気なキャラクターと豊かな演技力で、いま注目の若手女優、永野芽郁さんを起用します」と告知され、「若者たちのそばで、甘ずっぱい青春を応援する『カルピスウォーター』。今年の TVCM では、高校生たちが学校で過ごす何気ない日常を切り取ります」と CM のコンセプトが紹介されている。

　私たちはたとえこのようなコンセプトの紹介を把握していなくても、この映像を見て誰もが「青春を描いている」と理解できると思われる。しかし、実際の映像には「青春」という言葉はいっさい出てくることはない。さらに、私たちはこの映像を「CM である」と容易に理解できるように思われる。しかしながら、この映像では飲料水としての「効用」（甘ずっぱい、さわやかなど）については明示的には訴求されていない（ただし、永野出演の場面の終了後に長澤まさみが登場して「カラダにピース」というキャッチコピーは流れる）。私たちはこの映像を見て「青春をテーマにしたカルピスウォーターのテレビ CM」としてごく自然に理解することができている。これはいったいどのような規範を参照することによって可能になっているのだろうか。

■ 2.「青春」の物語の理解可能性

　この点について検討するために、ここでは 2017 年に放映された「カルピスウォーター」のテレビ CM の 1 つ「君と夏の終わり」編に照準しよう。この CM では、「青春ソング」として知られる「secret base ～君がくれたもの～」（2001 年リリース）が BGM として流れているが、アーティストである ZONE ではなく、若い男女の声で歌われている。この歌声とともに、夏の水を張っていないプールで、永野を含めた制服を着た男女数名が、ブラシを持って掃除をしている場面が映し出され、永野もこの歌を口ずさんでいる。CM のなかではカルピスウォーターを手に持って飲むシーンも挿入されている。私たちはこの映像を見て、誰もが端的に「青春を描いたテレビ CM である」と理解できるように思われる。以下、映像の流れを簡略的にまとめた書き起こしを参照しながら、このような理解がどのようにして可能になっているのか見ていこう。

　カット 1 で、学校のプールと思しき場所で永野と男子高校生が掃除をしている場面が映し出され、右上に「asahi SOFT DRINKS」のロゴが表示されている。このロゴを見ていれば、これが飲料水の CM であることがこの時点で理解

表 4-1　カルピスウォーター CM：「君と夏の終わり」編の映像の流れ

カット	映像説明	テロップ	音声
1	プールで永野と男子高校生が掃除をしている。永野が水をかけられる。	「asahi SOFT DRINKS」「♪ secret base ～君がくれたもの～」	(歌声：「secret base」のサビ)
2	別の男子高校生がホースで永野に水をかけている。横には女子高校生が2人いる。3人とも歌を歌っている。		(歌声の続き)／永野：来てくれたの
3	5人でプールの掃除を続ける。		(歌声の続き、永野も口ずさむ)
4	学校の校庭で、1人の男子高校生が先を歩く4人の男子高校生を追いかけている。		(歌声の続き)
5	体育館で2人の男子高校生がバスケットボールをしている。		(歌声の続き)
6	校庭で1人の男子高校生が汗をかきながら走っている。		(歌声の続き)
7	永野を含む5人がプールの脇で休憩をしながら、BGMにあわせて歌を歌っている。5人は手に「カルピスウォーター」を持っている。		(歌声の続き)
8	永野が笑顔でカルピスウォーターを飲む。		(歌声の続き)
9	沈み始めた太陽の光を浴びながら、5人ではしゃいでいる。		(歌声の続き)
10	2人の男子高校生が肩をたたきながら学校を後にしようとしている。		(歌声の続き)
11	校舎の屋上で3人の女子高校生が吹奏楽の楽器の練習をしている。		(歌声の続き)
12	永野が他の4人に対してホースで水をかける。		(歌声の続き)／永野：ふわぁは
13	5人がプールサイドで寝そべりながら話している。		(歌声の続き)
14	太陽の光を受けて「カルピスウォーター」3本が光っている。	「NEW！」	(歌声の続き)
15	永野が笑顔でカルピスウォーターを飲む。	「今をもっと、好きになる。」	永野：今をもっと、好きになる。カルピスウォーター
16	長澤まさみが手に「乳酸菌と酵母の生み出すチカラ」と書かれたフリップを持っている。	「カラダにピースCALPIS」	長澤：体にピース、カルピス

44　　第 I 部　シンボルとしての広告　■■■

可能となるが、まだ商品は登場していない。登場する人物のおおよその年齢とほぼ全員が制服を着ていることから、彼・彼女らが「高校生」であるとわかる。

　私たちはこの映像を見てほとんど誰もが「青春の一場面である」と理解することができると思われる。その際に重要な役割をしているのが「高校生」という**カテゴリー**である。高校などの学校を舞台にしていても、たとえば、教師が職員室で事務仕事をしている様子が映し出されても、私たちはそれをただちに「青春」とはとらえない。高校を舞台に「高校生」が映し出されているからこそ、私たちはそこに「青春」を見出すのである。しかしながら、たとえ「高校生」でも、家で家族と一緒に食事をしたり、1人でゲームをしている場面などが映し出されても、私たちはそれをただちに「青春」とはとらえないであろう。したがって、私たちがある場面を「青春」ととらえるためには、「高校生」が何か特定の行為や活動をしていないといけないのである。

　ここで重要なのがカテゴリーと活動との結びつきである。「高校生」のようなカテゴリーは、なんらかの活動と「規範的」に結びついており、その結びつきが、私たちがふだん行為や活動を理解する際の前提になっている。たとえば、「父親」「母親」カテゴリーには、「子ども」を「かわいがる」「育てる」といった活動が規範的に結びついており、そのことが、たとえば、公園で女性が小さな子どもの頭をなでている場面を見て「母親」が「子ども」をかわいがっていると理解をする際の前提となっている。その一方で、カテゴリーと結びついた活動が行われないと、それが規範的であるがゆえに、「育児放棄」というように逸脱した行為としてとらえられることになるのである（「カテゴリーと結びついた活動」は、社会学者 H. サックスが提示した議論である。詳しくは小宮（2007）を参照してほしい）。

　それでは、この CM の「青春」の理解では「高校生」カテゴリーとどのような行為や活動が結びつけられているのだろうか。まずカット1～3で映し出されているような、「みんなで一緒にプールの掃除をする」という場面において、「青春」の理解の資源になっているのは、「同級生と一緒に過ごす」であったり、「同級生と一緒にはしゃぎあう」といった行為であろう（これがたとえば「清掃員」がプールを掃除する場面が映し出されても、私たちはそれを「青春」とはとらえない）。それだけではない。カット1から映し出されていたように、「同級生」

第4章　反復される「普通の青春」　45

のなかにはしばしば「男子」と「女子」が存在することが求められる（この傾向は近年大きく変わりつつあるが）。このCMのほかにも、同シリーズでは、永野が浜辺をかけていき、男子高校生の頬に冷えた「カルピスウォーター」をあてるCMなど、「男子」と「女子」で「一緒に過ごす」「はしゃぎあう」という場面がくり返し描かれている。なかには、永野が屋上から校庭で競技をしている男子高校生に「告白」をするというような、「恋愛」が前提とされているものもある。「青春」の理解においては、このように、男女の「高校生」カテゴリーと、それが適用される者同士で「一緒に過ごす」「恋愛をする」といった活動の規範的な結びつきが参照されているのである。

このような「高校生」のプール掃除場面だけでも、私たちはそれを端的に「青春」であるととらえられると思われるが、このCMにはカット4から別の場面が挿入されていく。カット5、6、11は、種類は異なっていてもすべて「高校生」が「部活動」を行っていると見て取れる。カット4も、男子高校生が大きなスポーツバッグを持っていることから、「部活帰り」であると見て取れる。このような場面を見て、やはり私たちはそれを「青春」と理解することが可能であるように思われる。その際、「高校生」カテゴリーと「部活動」の規範的な結びつきが参照されている。

テレビCMにおいて、このような異なる場面を列挙することは、単に映像を羅列しているわけではなく、別の行為を行っているように思われる。ここでは、永野のプール掃除の場面の合間に、さまざまな「高校生」の姿が挿入されることによって、それらも「青春」のワンシーンであると見よ、という方向づけがされている。さらに、それらのなかにはカット10のように、「男女」ではなく、かつ「部活動」も行っていない「男子高校生」が「同級生」同士で肩を叩きながら帰る様子も含まれている。このようにして、「青春」には「男女」で一緒にはしゃぐことだけではない、一人ひとりに異なるバリエーションがあるという理解を産出しているととらえることもできるだろう。

■ 3. テレビCMとしての理解可能性

以上のような「青春」の理解可能性の分析をふまえ、最後にこの映像全体がテレビCMという広告としてどのように理解可能になっているのかについて

見てみよう。永野の出演する「青春」の場面のはじめとなるカット1に、先述したように「asahi SOFT DRINKS」という企業ロゴが提示される。さらに、カット7と8では、永野を含めた「高校生」たちが手に「カルピスウォーター」を持っている場面が映し出されている。このようにある映像のなかで特定の商品が強調された場合、その映像をその商品の広告として見よ、というメディア表現上の規範が存在する。この規範が参照されることによって、私たちはこの永野の出演する映像を、たとえばテレビドラマや映画の予告としてではなく、「カルピスウォーター」のテレビCMとして理解可能になっている。

　しかしながら、上記のようなメディア表現上の規範があるからといって、どのような商品を提示してもよいわけではない。仮に、このCMのどこかであるメーカーの自動車が提示されたとして、私たちはそれを見て、その自動車のCMとしては違和感を抱くものと思われる。テレビCMにおいては、当然のことながら、映像で映し出される場面や物語と商品になんらかの関連性がある必要がある。そして、テレビCMのような広告の場合は、その関連づけによって、当該商品の訴求が行われる。永野のCMの場合は、「青春」と理解できるさまざまな場面のなかで、「高校生」である永野が「カルピスウォーター」を飲んでいる場面が映し出されていた。それが「カルピスウォーター」の訴求として理解可能になっているのは、「高校生」カテゴリーと「カルピスウォーター」を飲むという活動の結びつけが行われることによると思われる。

　カテゴリーに結びついた活動は、ある場面を理解する際の前提であるとともに、「親」であれば「子ども」を「かわいがる」「育てる」べきだというように、当該カテゴリーが適用される人々にそのカテゴリーに結びついた活動をするよう方向づけをするはたらきをもっている。「青春」の理解において、「高校生」カテゴリーと「同級生と一緒に過ごす」「同級生とはしゃぐ」「部活をする」などの活動は規範的に結びつけられている。このCMは、そのような活動のレパートリーのなかに、あらたに「カルピスウォーター」を飲むという行為を追加する実践なのである。かつて今よりもテレビCMの影響力が大きかった時代に、しばしば指摘された「広告の文化的機能」の少なくとも1つの側面とは、このような、カテゴリーと活動のあらたな結びつけによって、視聴者に新しい生活様式（＝文化）を提案する実践だったのだといえるだろう。

第4章　反復される「普通の青春」　47

それだけではない。「青春」をテーマにしたテレビ CM において、「高校生」カテゴリーと結びつけられた活動のなかでも、くり返し用いられていた「男子」と「女子」の「同級生」が「一緒に過ごす」「一緒にはしゃぐ」、そして時には「恋愛関係になる」という活動は、「高校生」カテゴリーに結びついたそのほかの活動、たとえば、「授業に出席する」「期末試験を受ける」などと比べれば、誰もがみな行いうるものではない。それは、規範のなかでも、そのような活動をすることが望ましく、目指されるものという性質をもった、「理想型」としての結びつきなのである。そして、このように「青春」が誰もが求めつつも十全には獲得できない規範として参照されることによって、CM で提示される商品を購入し利用することが、たとえ幾ばくかでも「青春」の獲得に結びつきうるという理解が産出され、それが商品の訴求の資源として用いられているのである。これこそが、テレビ CM において「青春」イメージがくり返し用いられ続けていることの理由の 1 つなのではないか。

■ 第 4 節 ┃ 反復される「普通の青春」

2023 年、「カルピスウォーター」と同じく、「青春」をテーマにしたテレビ CM を継続的に制作・放映している「ポカリスエット」が、あらたな CM 『「青が舞う」夏篇』を公開した。これは一般消費者参加型の企画で、動画では全国から集まった 1060 人の若者が、コロナ禍で実現できなかった「青春」でやってみたいことを実現させている。動画内で紹介されている「屋上で弾き語りしたい！」「制服でダンスしたい！」「三角関係でドキドキしたい！」といった全12 個の「青春でやってみたいこと」のなかには、「みんなでプール掃除したい！」といった、「カルピスウォーター」のなかでも映し出されていた「高校生」に結びついた活動が紹介されている。本章で見てきたように、カテゴリーと結びついた活動が行われない場合、先述した「親」の「育児放棄」のように活動の「不在」がマークされ、問題やトラブルとして理解されることが可能になる。同様に、「高校生」カテゴリーと結びついた活動が行われないことによって、「青春」が「奪われた」という理解が可能になる。動画に出演した若者たちは、動画のなかで「高校生」カテゴリーと結びついた活動を行うことによ

って、「奪われた青春」を取り戻す活動を行っていたのである。

　近年、広告の「炎上」がくり返し問題になっている。その際、しばしば「女性」や「男性」のステレオタイプといった、性別カテゴリーが問題となる。しかし、同じように人間の基本的属性とされるカテゴリーである「年齢」と深く関わった「青春」をテーマにしたCMが炎上するケースはほとんどない。第2節で見たように、広告は「広告である」ことを背景化させて別の言語行為（事実の告知や芸術表現）であることを擬装する。しかし、私たち視聴者はそのような広告の擬装性をすでに十分に知っているように思われる。私たちが広告を見る際に、それが「擬装された広告である」と前景化されることによって、別の言語行為（本章の例では「青春」の物語）は再び背景化されることになる。その際の背景化とは、「前提化」とも言い換えることができる。それは、そこで参照される規範が、「まさに規範である」ということを確認するような活動といえるだろう。そして、そのような活動が「炎上しないこと」によって、やはり「多くの人に共有されている規範」であったということが再確認され、規範としてより強固なものになっていく。このようにして、テレビCMが描く「青春」イメージは「普通の青春」として反復されていくのである。

[関連書籍紹介]

石岡学，2024，『みんなの〈青春〉——思い出語りの50年史』生きのびるブックス．：メディアの「青春」イメージの変遷を歴史社会学的に考察している。

是永論，2017，『見ること・聞くことのデザイン——メディア理解の相互行為分析）』新曜社．：本章と同様に広告を規範の参照によって可能になる行為ととらえて分析を行っている。

[引 用 文 献]

小宮友根，2007，「規範があるとはどのようなことか」前田泰樹・水川喜文・岡田光弘編『ワードマップ　エスノメソドロジー——人々の実践から学ぶ』新曜社，99-120.

難波功士，2000，『「広告」への社会学』世界思想社.

辻大介，1998，「言語行為としての広告——その逆説的性格」『マス・コミュニケーション研究』52: 104-117.

吉沢夏子，1987，「広告はどのように理解されているか——内的文脈理解と外的文脈理解」『フォーラム』5: 48-54.

PART II

シグナルとしての広告

「今、売れています！」と紹介されると、あまり関心のなかった商品でも、なんとなく興味が湧いてこないだろうか。今日ではデジタルメディアの普及のもとで、商品の売れ行きや人々の関心は数値化されて集約され、広告にも還元されている。より評価の高い、そして売上の多い商品、自分の好みに合う——とデータから判断された商品は、購入を後悔するリスクが少なく、こうしたデータに基づく商品提案や広告は増加し続けている。第 II 部では、このような流行や関心との適合といった特定の評価の体系に合致する商品・サービスの存在を知らせる、「シグナル」としての広告に着目して議論していく。第 5 章「あなたに "最適" な広告」では、パーソナルデータを活用した広告表示の仕組みをふまえて、データに導かれる消費活動が拡大することの課題を示している。第 6 章「ランキングと広告の『客観性』」では、序列化する行為が広まった経緯やインターネット上でのランキングの仕組みを紐解き、ランキングという形式の有する娯楽性や客観性といった両義的な性質を論じている。第 7 章「口コミはなぜ広告文化の問題になるのか」では、「口コミ」という概念が成立した歴史的背景を参照した上で、広告は広告だからこそ信用されない逆説的な性格をもつなかで、口コミに期待される役割や位置づけを議論している。

あなたに"最適な"広告

パーソナルデータに基づく広告の仕組みと課題

藤嶋 陽子

・・・・・・・・・・・・・・・・・・・・・・・

　今日、衣服のようなモノから漫画、音楽、映画といったコンテンツまで、私たちはさまざま商品をインターネット上で購入している。その際に買うか悩み、保留にして商品ページを閉じたのにもかかわらず、その商品の広告が別のウェブサイトやSNS上に掲載され、まるで商品に追いかけられているような体験をしたことはないだろうか。ネット上で出会う広告の多くは、全員に一律で表示されるのではなく、個々人の嗜好や需要を解析して最適化したものとなっている。自分が欲しい情報が届けられることは確かに便利だけれど、どんな情報やモノと出会い、どのように考え、どう行動に移すか──こういった意思決定にシステムが深く関与し、無意識に行動を規定するものにもなりうる状況だ。本章では、SNSや多様なネットサービスの普及を背景に、データサイエンスと密接に結びついた現代の広告をとらえていこう。

・・・・・・・・・・・・・・・・・・・・・・・

■ 第1節 │ デジタルマーケティングの発展とネット広告

　毎日開くSNSやウェブサイトのなかにも、たくさんの広告が表示される。電通によると、インターネット広告費は2021年にマスコミ4媒体（新聞、テレビ、ラジオ、雑誌）の総広告費を上回り、増大し続けている（電通2022）。こうしたネット広告の始まりは、1994年にアメリカの大手電話会社がウェブサイトに出稿したバナー広告（サイト上の広告枠に画像や動画が掲載される広告形式）であった。当初、インターネット広告の主な利点は安価であることで、依然としてテレビや雑誌でのマス広告が中心で、ネット広告では手の込んだ企画やデザインは少なかった。

　だが、2000年代になって一般家庭にもインターネットが普及し、急速に利用率が高まると、ネット広告でも大規模な予算を投じて制作されるものが登場

する。その代表例が、2001年にBMWがオンラインで公開したブランドムービー「The Hire」だ。ウォン・カーウァイやガイ・リッチーといった世界的に著名な映画監督たちが、同社の新車を盛り込み制作したショートフィルムで、マドンナなど豪華な出演者もあって大きな反響を得て、ネット広告の位置づけを大きく変える事例となった（森永2022）。そして2000年代前半からはブログが普及し、MyspaceやFacebook、YouTubeといった多様なSNSが登場するなかで、その形式に合わせた広告が登場する。たとえば、2007年にユニクロは、ユーザーが各自のブログに設置できるブログパーツとして、時計機能を備えたダンス動画「UNIQLOCK」を提供して注目を集めた。このような事例が話題となることで、デジタルマーケティングに注力する企業も増えていき、SNSの拡散力を意識して趣向を凝らした広告が制作されていった。

このようにネット広告の制作のあり方が変化するのと並行して、広告配信の仕組みも整えられていった。インターネット上には大量かつ多様な広告枠が存在し、ユーザーのクリックや入力によって情報が表示される。この特性を利用し、より的を絞ったターゲットに広告を届けるように進化していった。2001年にGoogleが提供開始した検索連動型広告（リスティング広告）は、ユーザーが入力したキーワードに基づいた広告を表示するもので、今でも多く目にするネット広告のひとつだ。これはユーザーが「旅行」と検索すると、検索結果の目立つ位置に、小さく"広告"や"スポンサー"と表示された旅行に関するサイトが表示されるといったものだ。あらかじめ「旅行」とキーワードを指定して広告出稿を依頼したユーザーのなかで、もっとも高い広告料を設定したものが表示されており、広告枠がオークションのように競り落とされている。

加えて2005年頃には、Cookieと呼ばれるユーザー識別の技術が広まり、各ユーザーの行動履歴から広告表示が最適化されるようになる。Cookieとはユーザーがウェブサイトを訪れた際に、訪問日時や回数、サイト内で入力した情報などを一時的にスマートフォンやパソコンに保存する仕組みである。これによって、特定のウェブサイトを訪れた人に広告を見せる、**行動ターゲティング広告**（リターゲティング広告）が登場することになった。

こうした技術的な進化に加えて、2008年に起きた世界的な金融危機であるリーマン・ショックにより、統計解析を得意とする人材が金融業界から広告業

Google　ツアー　🎤 🔍

🔍 すべて　🖼 画像　🗺 地図　📰 ニュース　▶ 動画　┆もっと見る　設定　ツール

約 528,000,000 件 （0.55 秒）

広告・www.ana.co.jp/ ▼
ANAの5日間限定 Hello Blue Sale | 1月17日(金)～1月21日(火)
このおトクな運賃をお見逃しなく！Asia's Best Airline Staff・Best Airport Service・Tokyo2020
Airline Partner・Largest Network in Japan・5 Star Service to Japan・Destinations: Tokyo,
Osaka, Nagoya, Fukuoka, Sapporo, Okinawa、

広告・www.trivago.jp/ホテル料金比較/格安予約 ▼
ホテル【簡単比較】でお得に宿泊 | ホテル予約が最大70%まで...
人気サイトまとめて比較お得な宿泊施設を検索。ホテル検索は【トリバゴ】で！話題のホテル
もトリバゴで簡単空室チェック。温泉旅館・ビジネス旅館・ビジネスホテル・ホテル格安予
約・サービス：【エステ】【マッサージ】【サウナ】【スチームバス】。
地図から探す・会社概要・地図を表示

🔵 www.tour.ne.jp | j_tour ▼
国内ツアー・旅行の格安・最安値プラン検索【トラベルコ】 ◎
【トラベルコ】掲載数10万件以上！各旅行会社の国内ツアー最安値を比較・検索できます。観
光・出張・帰省どれにも便利なトラベルコで。国内ツアー・バスツアー・日帰り旅行・新幹線
や航空券のホテルパックを探そう！

図 5-1　枠線内が Google 検索結果画面での検索連動型広告（枠線は
著者による）

界に流入したことも、広告におけるビッグデータ活用が進展した一因となった。とりわけ経済が低迷するなかでは、広告の費用対効果が厳しく問われる。テレビ CM のようなマス広告は、間接的にしか広告効果を測ることができないが、ネット広告では、ユーザーの反応がクリック数や経由売上といった明確な数値で確認できる。ユーザーの性別や年齢、現在地から検索履歴など多様な情報を活用して広告表示を最適化することは、広告出稿のコストパフォーマンスを上げる重要な手段だ。より効果的な広告として、ユーザーごとに**パーソナライズ**された広告が、今日でも継続して重要なものとなっている。

第 2 節 ┃ デジタルプラットフォームを支える広告

　今日、ネット広告市場は Instagram、Google、Amazon などプラットフォーム企業が中心だ。どれも私たちが日常的に利用するプラットフォームだが、こうしたプラットフォームと広告はどのように結びついているのだろうか。

　私たちは SNS や検索エンジンといったウェブサービスを、基本的には無料で利用している。そのなかでも YouTube や X は、課金すると広告表示を無くす、もしくは減らすことができるため、サービス内に広告枠を設けることで運営が維持されていることは理解しやすいだろう。だが、ここで行われているの

は広告枠の提供だけではない。例としてまず、Google の広告運用について詳しくみてみよう。Google による広告事業では、Google が提供するサービスへの広告出稿だけでなく、Google が保有するネットワークにあるウェブサイトや動画、アプリにも広告を掲載することができる。このネットワーク内では、広告主と広告掲載先の双方のウェブサイトで共通の Cookie が使われているため、ユーザーがはじめて訪問したサイトであっても、過去の閲覧履歴に紐づいた広告表示が可能となる。つまり、単なる広告枠の提供ではなく、ユーザーの行動履歴を提携するネットワーク内から広範囲に取得し、より商品への関心の高い層に広告を表示できるしくみ自体を提供しているわけだ。

　そして、このような仕組みがプラットフォームを支えているため、私たちはウェブサービスを無料で利用する代わりに、みずからのパーソナルデータを日々提供することになる。それは Cookie を介して取得される閲覧履歴から、アカウント登録やポイントサービスの利用時に入力する氏名や性別、年齢といった属性まで、多様なデータが集約される。とくに今日では、T ポイントや楽天ポイントのような共通ポイントサービスや、LINE や Google のアカウントでの共通ログインのように、オンラインとオフラインを架橋した複数サービスの連携が進み、より多角的にユーザー情報が紐づけられるようになっている。こうして集積されたビッグデータの解析によって、ユーザーの需要や購買欲求が高精度で把握される。氏名や住所といった個人を特定する情報ではないが、自分の趣味嗜好に迫ることができる行動データを差し出しているわけだ。

■ 第 3 節 ｜ データを提供することは警戒するべきか？

　こうしたネット広告の仕組み、そしてデジタルプラットフォームの収益システムのために、私たちのデータが取得されることに対して、何か問題はあるのだろうか。2020 年に総務省が行ったパーソナライズデータ活用に対する意識調査では、日本ではデータ提供をしていることをあまり認識していないユーザーが多い一方で、提供を不安に感じている層が他国と比較しても多い傾向にあるという（総務省 2020）。パーソナライズされた広告に対しても、自分の趣味嗜好に合った広告が表示されていると感じていても、これ以上、データ提供をし

第 5 章　あなたに "最適な" 広告 ｜ 55

たくないとする回答が多かった。パーソナルデータをプラットフォームに提供することをめぐっては、地域差はあれど世界的に忌避感は高まっており、規制を設ける事例も増加している。たとえばアメリカ合衆国では、2020年にトランプ政権が動画投稿アプリ TikTok に対し、ユーザーデータの取得および取り扱いに問題があるとして、国内での利用禁止を発表して話題を集めた。実際に禁止措置は実行されなかったものの、世界的に議論は続いており、プラットフォーム企業によるデータ取得に対して警戒が強まっている。

　個人データが取得されることはなぜ、これほど警戒されるのだろうか。プラットフォームを介したデータ収集が問題となった契機に、2016年に発生した選挙コンサルティング会社ケンブリッジ・アナリティカによる事件がある。選挙に際して、Facebook を通じて取得したユーザーデータを利用し、明確な投票先を決めていない浮遊票層への誘導が広告表示を介して行われたとされている事件で、アメリカ大統領選挙やイギリスの EU 離脱をめぐる国民投票に影響を及ぼしたとされている。これを受けて、欧米では閲覧履歴を個人情報と位置づけ、外部企業への送信の規制などが進められた。社会学者の D. ライアンは、ユーザーの行動になんらかの作用を与えることを目的に日常的に個人データを抽出し、それらを解析、処理して多様な仕組みを設ける状況を「**データ監視**」と呼んだ（Lyon 2001=2002）。上記のケンブリッジ・アナリティカ事件は、たとえ氏名や住所といった個人を特定する情報ではなく、直接的に誰かに観察されるわけではなくとも、データ解析の結果から個人を誘導し、重要な政治動向にも介入できてしまう可能性を示した。データを通じたコントロールも、ある種の"監視"だというのがライアンの主張であり、それが現実に起きてしまったわけだ。

　さらにライアンは、こういったデータ収集を通じて蓄積されたデータベースは、統合されて複雑な「監視の複合体」をつくり、プラットフォーム側の権力を増大させていると警戒する（Lyon 2007=2011）。日常で収集されるパーソナルデータから、個人の信用度を測定するスコアリングサービスを考えてみよう。中国では2015年に、電子決済サービスや通販事業などを手掛けるプラットフォーム企業アリババグループによる信用スコアが登場した。これはユーザーの①社会的地位（年齢、学歴、職業）、②過去の支払い状況や保有資産、③クレジ

ットカードの利用や取引履歴、④交友関係や交友相手の身分、⑤消費の特徴を把握し、その評価が高ければ多様な恩恵を得られるというものだ。評価結果は金融ローンの審査期間や金利、シェアサービスやホテル予約の補償金、賃貸住宅の敷金の額などに反映される。生活全般に大きく影響するものが、日々のプラットフォーム利用で蓄積したデータから自動で評定されてしまうわけだ。そして、一度システムから特定の評価や分類を与えられると、そのネットワークのなかでのサービスすべてが、この枠のもとで提供されることとなる。有利な評価を得られればサービスはますます便利になるが、不利な判定をされてしまうと評価を覆すことは容易ではなく、格差が固定化される。ライアンはこれを「社会的振り分け」と呼び、自分でも気づかないうちに待遇に差をつけられ、差別や排除にもつながることを危惧している（Bauman and Lyon 2012＝2013）。そもそもビッグデータは事後的に規則性が見出され、活用方法が決められることも少なくない。今は広告表示のためと収集されているデータが、後ほどどのように使用されるかは未知なのである。

　利用目的を制限することが難しいのであれば、データを提供すること自体に慎重になれば、リスクを回避できるのだろうか。たしかに近年では、個人情報提供に関する規制を整備する国や地域も増え、ユーザーの同意を求めるプロセスを設けるサービスも増えている。だが利用規約を設定し、ユーザーの同意のもとで運用しているとしても、膨大な利用規約を隅々まで確認することは難しく、データ提供に同意しなければサービスが利用できない状態であり、ユーザーの側に実質的な選択権があるとは言い難い。また、こうしたウェブサービスはアップデートや利用規約の更新をくり返し、都度、入念に確認することも困難だろう。すなわち、ユーザーの側に強要するわけではなくとも、インターフェースや仕様によって同意を促しているわけだ。

　これは、法学者の L. レッシグが「**アーキテクチャ**」として説明するものである。レッシグは、人の行動や社会秩序を規定して統制する方法には、法律、共同体で共有する規範、価格のような市場の要素に加えて、行動が選択される際の環境設計による操作があると考えた（Lessig 1999＝2001）。たとえばファストフード店に硬い椅子が置かれていれば、滞在時間のルールや課金システムを設けなくとも、顧客が長居することは少なくなる。このように仕掛けの存在に気づ

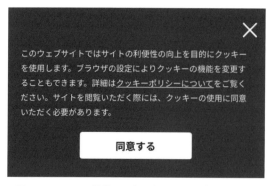

図5-2 Cookieの提供に同意を求めるウェブサイト上の表示

かせずとも、行動に干渉できるのが「アーキテクチャ」であるが、サイバー空間ではとくに強力に作用する。ウェブサイトやアプリでは、あらかじめ設計されたクリックボタンを押し、求められる情報入力に応えなければ次の画面に進むことができない。システムの提供側が想定した範囲でしかユーザーは行動できず、拒むにはサービス自体を使うことを諦めるしかないわけだ。

第4節 データ駆動型社会における消費

　このようなリスクがあっても、私に"最適な"情報を届けてくれるパーソナライズされた広告は、膨大な情報が溢れる環境で便利であるのは間違いない。この便利さは、私たちの消費文化をどのように変える／変えないものなのだろうか。行動ターゲティング広告やデータ解析に基づいた「あなたへのおすすめ」に数多くふれる環境について、その影響を考えてみよう。

　インターネット活動家であるE.パリサーは、2011年に「フィルターバブル」という言葉を提唱した。今日の情報空間では、アルゴリズムによって自分の関心に合う（と判断された）情報が優先的に表示され、嗜好と合わないと推測された情報が混ざらないようにパーソナライズされており、無自覚な認知の偏りや分断が危惧される（Pariser 2011=2012）。

　こうした状況は、政治的分断や陰謀論、フェイクニュースの拡散につながると問題視されている。だが、その一方で、ファッションや音楽、映画といった日々の消費においては、リコメンドによる情報の偏りは危険だとは考えられず、利便性の高い機能として定着している。新しいジャンルやテイストと出会うことは少なくなるが、それぞれの好みがあるなかで、あえて新しいものに挑

戦しなくとも良いのかもしれない。とりわけインターネットでの買い物では、膨大なアイテムやコンテンツが存在するなかで、自分の好みに合う商品を探し出す手間は大きい。何より、自分の属性や購買履歴、行動履歴からオススメされた商品を選べば、失敗するリスクは少なくなる。近年ではとくに浪費が忌避され、コストパフォーマンスの高いものや明確な価値があるものを買う、「賢い消費」をすることが求められる傾向にある（貞包 2023）。オンラインでの買い物は安価な商品も多いが、実物を見ずに購入するため失敗のリスクが高く、それを回避するために口コミや、近年では骨格診断やパーソナルカラー診断のようなアイテム選びのルールを参照することが定着している。

　近年の SNS 上では、「骨ストイエベ優勝ワンピ」のように、診断分類と「優勝」という言葉が組み合わされる。この「優勝」という言葉は、2020 年頃からネットスラングとして広まり、間違いのない、"失敗"しない商品や体験を意味するものとして用いられている。この失敗を回避する消費が重視され、ルールや規則性に依拠する傾向は、データに基づいてパーソナライズされた広告や商品提案が広まる潮流とも重なり合うものだろう。大きく外すことはない選択肢が与えられ、似合わない、気に入らない商品を購入するリスクを低減させることは、今日の消費において重要な要件となっているようだ。

　消費とは本来、多様で自由な選択を、みずからの経済的な状況が許す範囲で遂行できる主体的な行為だ（貞包 2023）。だが、システムによるリコメンドやルールに従う消費は、買い物を自分自身の主体的な選択ではなく、提示されたものを予定調和的に消費するだけにしてしまう懸念もある。さらには、表示された広告や商品提案が何回クリックされ、どれほど売り上げたかといったユーザーの反応が明確な数値となって可視化されるなかで、こうした結果は商品企画にも還元されており、生み出される商品の多様さや創造性を担保することも課題となってくる（宇多川・藤嶋 2021）。アルゴリズムに導かれる消費は、効率的に商品をつくり、効率的に広告を発信して、購入を効果的に促すものとなりえる。モノや情報の多様性、私たちにとっての豊かさを問いかけてくるのだ。

第5節 │ データを活用した広告

　データ駆動型社会において、広告はそのシステムの根幹に組み込まれ、私たちの社会生活や消費文化に強く影響するものである。日々の暮らしにデジタルプラットフォームの利用が欠かせないものとなるなかで、こうしたシステムと距離を置くことは難しい。それだけに、ネット広告や、それを運用するプラットフォームの構造やルール整備を注視していくことは大切なことだ。

　日本では2022年6月、ターゲティング広告に関する規制を盛り込んだ改正電気通信事業法が成立した。この法案の検討段階では、ウェブサイトやアプリの利用時に取得されたデータが第三者にも送信される場合、利用者の同意をあらかじめ得ることを義務づけることが議論となった。結果的には、経済界からの反発が強く、通知や公表などを義務づけるに留まっている。厳しい規制の整備を進める欧米圏と比べると、日本ではアクセス記録などのパーソナルデータが多くの事業者に譲渡されつづけている。そして、広告会社から先のデータの流れは非常に複雑で、事業者でも全貌の把握が難しい状況にある。広告事業者やマーケティング事業者による自主的なガイドラインの設置も進められているが、ユーザー自身がパーソナルデータの提供をコントロールできる仕組みや、収集されたデータの利用をめぐる規制の継続的な検討が求められている。

［関連書籍紹介］

水嶋一憲・ケイン樹里安・妹尾麻美・山本泰三編著, 2023, 『プラットフォーム資本主義を解読する——スマートフォンからみえてくる現代社会』ナカニシヤ出版 .：影響力が強大化するプラットフォームをめぐって、その基本的な構造を理解し、その環境が導く労働や自己イメージといった多様な問題にふれることができる。

濱野智史, 2015, 『アーキテクチャの生態系——情報環境はいかに設計されてきたか』筑摩書房 .：2000年代に登場したmixiやニコニコ動画といった、日本のウェブサービスの「アーキテクチャ」の展開や設計思想を分析しており、自分たちを取り巻く情報環境をとらえる視点となるだろう。

［引 用 文 献］

Bauman, Zygmunt and Lyon, David, 2012, *Liquid Surveillance: A Conversation*, Polity Press.（伊藤茂訳, 2013, 『私たちが、すすんで監視し、監視される、この世界について——リキッド・サーベイ

ランスをめぐる 7 章』青土社.）

電通, 2022,「日本の広告費 2021」電通.（2024 年 5 月 6 日取得, https://www.dentsu.co.jp/news/release/2022/0224-010496.html）

Lessig, Lawrence, 1999, *Code and Other Laws of Cyberspace*, Basic Books.（山形浩生・柏木亮二訳, 2001,『CODE ──インターネットの合法・違法・プライバシー』翔泳社.）

Lyon, David, 2001, *Surveillance Society: Monitoring Everyday Life*, Open University Press.（河村一郎訳, 2002,『監視社会』青土社.）

────, 2007, *Surveillance Studies: An Overview*, Polity Press.（田島泰彦・小笠原みどり訳, 2011,『監視スタディーズ──「見ること」「見られること」の社会理論』岩波書店.）

森永真弓, 2022,『欲望で捉えるデジタルマーケティング史』太田出版.

Pariser, Eli, 2011, *The Filter Bubble: How the New Personalized Web Is Changing What We Read and How We Think*, Penguin Press.（井口耕二訳, 2012,『閉じこもるインターネット──グーグル・パーソナライズ・民主主義』早川書房.）

貞包英之, 2023,『消費社会を問いなおす』筑摩書房.

総務省, 2020,「情報通信白書 令和 2 版」総務省ホームページ,（2024 年 2 月 29 日取得, https://www.soumu.go.jp/johotsusintokei/whitepaper/r02.html）.

宇田川淳史・藤嶋陽子, 2021,「プラットフォーム経済」岡本健・松井広志編著『ソーシャルメディア・スタディーズ』北樹出版, 100-107.

Chapter

ランキングと広告の「客観性」

6

宇田川　敦史

・・・・・・・・・・・・・・・・・・・・・・・

　みなさんは「**ランキング**」といわれて何を思いうかべるだろうか。音楽のヒットチャート、書籍のベストセラー、映画の観客動員数もあれば、就職人気ランキング、住みたい街ランキング、大学ランキングなどもある。オリンピックやワールドカップ、スポーツ選手やチームの世界ランキングを想起する人もいるだろう。あるいは、食べログや Amazon などのレビューランキング、ニュースのアクセスランキングなどを思いつく人もいるかもしれない。現代では、そのような明示的なランキングだけでなく、メディアに埋め込まれた、意識しづらいランキングというものもある。たとえば、Google など検索エンジンの検索結果は、入力したキーワードに対して関連するウェブページを関連度のランキングとして表示するものだ。SNS のトレンドやタイムラインも、情報の序列化という意味ではランキングの一種である。

　このように、ランキングは現代のメディア環境においてあらゆる対象、あらゆる情報に対して広くみられるメディア表現の様式であり、何かをランクづけして序列化し、その結果に基づいて判断するという行為はきわめて日常的なものになっている。本章ではこのランキングのもつ社会的な機能について、メディア文化や広告文化の観点から考えてみたい。

・・・・・・・・・・・・・・・・・・・・・・・

第 1 節　ランキングのもつ二重のシグナル

　現代のメディア環境に流通している情報の総量は、個人が処理できる容量を大幅に超過しており、「**情報オーバーロード**」の時代だといわれる。このようなメディア環境における経済原理は、情報そのものの価値よりも、人々の「アテンション（注目）」が希少性をもつという意味で「**アテンション・エコノミー**」と呼ばれ、人々のアテンションをいかに集められるかを多数のメディアが競い

あう状況である。このような環境においては、大量の情報をいかに選別し、いかに要約するか、さらにいえばそれをいかに「アテンションに値する」対象として提示できるか、こそがメディア産業の競争原理となる。いわゆる「受け手」であるユーザーの側からみても、大量にあふれる情報のなかから自分にとって有用な（と信じられる）情報のみをあらかじめ選別し、「効率的に」受け取ることは一見望ましく感じられるだろう。ランキングは、その選別の様式のひとつである。

　ランキングというメディア表現の様式は、かなり古くからあり、近代以降のマスメディアにおいても広く用いられてきた。ランキングとは、平たくいってしまえば、社会における情報を直線的な上下関係によって序列化し選別する手法である。ランキングには、相撲の番付やミシュランのレストランガイドのように、専門家や特定の団体が審査や審議によって意味論的に序列化するものもあれば、スポーツの成績に基づくランキングやニュースのアクセスランキングのように、外形的に測定可能なスコアによって計算論的に序列化するものもある。インターネット上であらゆる情報がデータ化され、計算論的な**アルゴリズム**によってそれらが選別・分配される現代のデジタル・メディア環境においては、とくに後者の計算論的なランキングがあらゆる場面で活用されるようになってきた。

　これらの計算論的なランキングは、アクセス数やクリック数、購入数やレビューの評価など、**デジタル・プラットフォーム**上で収集されたユーザーの行動履歴を入力変数とし、それらをなんらかのアルゴリズムによって集計・加工することで線形的なスコアを算出し、その結果をランキングとして提示したものだ。これは、ユーザーの集合的な行動を線形的なスコアに変換することから、その集合体における「人気」を指し示すシグナルとして機能する。さらにランキングは、それがコンピューターによる統計的なアルゴリズムによって算定されることから、あたかも「客観的な」指標であるかのように表象される。すなわちランキングは、ランキングの対象となっている要素がアテンションを払うに値するものであることを指し示すシグナルであると同時に、そのランキングという様式そのものが含意する手続きの「客観性」という二重のシグナルをもつことで、現代のメディア環境において適応的な地位を構築しているのである。

第6章　ランキングと広告の「客観性」

第2節 ランキングの複合的な系譜

　ではこのある種のメディア文化ともいうべき、ランキングの歴史的・社会的な生態系はどのように理解することができるだろうか。ここでは、簡単ではあるがランキングというメディアの様態の複合的な側面について歴史を手がかりに検討してみたい。

　ランキングの起源を特定することは難しい。そもそも何かを比較し、序列化するという行為自体は、人間の動物的な水準における認知様式として有史以来存在していたと考えるべきだろう。単に身体の大小や運動能力の優劣についての二者間比較は、人類以外の動物においても認知されていると考えられる。ただし、これがランキングというメディアとしてコミュニケーションの対象となるためには、序列化の対象以外の第三者からその序列化が認知可能であることが条件となる。なんらかの比較の結果優劣を第三者が観察するという意味では、身体活動の優劣を競う「スポーツ」の成立がランキングの文化と密接に関わっていると考えられるだろう。

　R. トマ (1991=1993) は人類史における「遊び」の概念 (ホイジンガ 1958=1973) をふまえ、スポーツが「遊び」の一種として人類の出現とともに誕生した、と位置づけている。トマは、スポーツという概念を多元的なものとして一義的な定義を避けつつも、それが見せ物（スペクタクル）であること、身体を用いた競争を含む「遊び」であることを指摘している。トマによれば、身体活動としてのスポーツ実践の遺物は、シュメール文明の時代 (紀元前 3000 ～ 1500 年) までさかのぼることができるものの、体と体の対決が本格的に確立され定期的な競技がみられるようになったのは古代ギリシアからである。

　このように、ランキングは歴史的には何かを数量化する計算論的な統計を前提としていたわけではなく、むしろ見せ物としての「遊び」の要素を含む、ある種の（意味論的な）娯楽文化をその起源のひとつとみなすことができる。この傾向は（直接関係はしないが）、日本における初期の印刷メディアの文化にもみられる。日本において、印刷物によるメディアが本格的に流通し始めたのは江戸時代である。とくに、事件やニュースを大衆向けに摺物にして販売した「かわら版」は、「新聞」以前のマスメディアとして知られている。そして、かわら

版と並んで、江戸時代に摺物として出回っていたのが、相撲の番付と芝居番付、祭礼の行列に関する番付である（青木 2009）。興味深いのは、これらがいずれも「番付」という同一のメディアとして表象されていた点だ。相撲の番付はいうまでもなく、スポーツ競技における序列を一覧化したランキングそのものである。芝居の番付は主に出演する役者を紹介するものだったが、この番付内の位置およびスペースの大きさによって、役者の「格」が序列化されるメディアになっている。祭礼の行列番付は、祭りにおける練り物の登場順を示すものであり、時間的な序列を表現するメディアといえるだろう。

相撲番付における序列を指し示す「大関」「関脇」などの地位の記録は少なくとも 17 世紀中期以降には登場しており、明確な記録としては、1699（元禄12）年の『大江俊光記』などに相撲取がランキング形式で示されている番付表の原型が残されているという（土屋 2017）。そして江戸後期になると、この相撲番付に「見立て」てさまざまな出来事をランキングの対象とした「**見立番付**」が、大量に出回るようになった。現在でもその語法が残っている「長者番付」はその最たる例といえるだろう。

かわら版が最新ニュースを扱う現代の新聞に近い役割を果たしていたのに対し、見立番付は「遊び心」を背景とした娯楽性と、一定の価値観に基づいて提供される情報のないまぜ的な効果を特徴とする（青木 2009）。見立番付は、江戸時代において、すでに現代のランキングにきわめて近いメディアのかたちを成立させ、市民のコミュニケーションを構成するメディアとして、広く機能していたと考えられる。

見立番付の対象は実に多岐にわたり、長者番付や名医のランキングのような個人を対象にしたもの、都

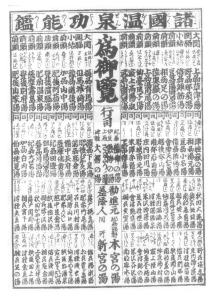

図 6-1　温泉の番付の例：諸国温泉功能鑑（年代不詳）（青木 2009）

第 6 章　ランキングと広告の「客観性」

市、名所旧跡や温泉（図6-1）、参詣寺社、飲食店など場所のランキング、名産品、植木などモノのランキング、さらには流行の俳諧や、芝居、役者などコンテンツのランキングに至るまで、現代のランキングにみられる要素はすでにほとんどが対象となっている。

　見立番付にはほとんど作者の名は記載されておらず、あったとしても偽名であることが多いという。これはランキングの正当性、すなわち「客観性」をめぐってクレームが出ることを避ける態度から、あえて作者名を記載しなかったためと推定されている（青木2009）。また、「番付売り」を描いたとみられる浮世絵がいくつか残されていることから、見立番付は、市民の娯楽を担うメディアとして販売されていたものであり、その「送り手」は商売としてランキングを作成していたと考えられる。つまりランキングは、江戸時代においてすでに「受け手」のアテンションを集めるマーケティングのメディアとして確立し、それ自体が取引の対象となるような価値をもっていた、と推察されるのだ。

　そしてこの見立番付という様式は、そのまま明治以降の新聞の定番コンテンツとして引き継がれていく。明治初期の1878年の新聞記事には、医師の見立番付に掲載されたいがために金銭を払うものがいることを批判する記事が出現している（読売新聞1878年10月10日）。このことは、遅くとも明治初期の時点で、ランキングを購入する、すなわち広告として操作しようとする営みが一般化しつつあり、現代の「**ステルスマーケティング（ステマ）**」と同様に広告であることを隠蔽するメディアとして批判の対象となっていたことを示唆している。

　一方で、社会の出来事を数量化して計算論的に序列化するという営みは、これらの見せ物、娯楽の対象としての（意味論的な）ランキングとは別の系譜の現象と考えられる。そしてこれはランキングのもうひとつの側面、「客観性」というシグナルの成立と関連する。

　いわゆる社会統計の歴史をさかのぼると、土地測量や人口調査などの計測自体は古代からみられるが、自然や社会が数量化可能なものとして広く対象化されるのは13世紀以降、機械式の時計や大砲が発明されてからである（クロスビー 1997=2003）。T. ポーター（1995=2013）によれば、近代における「科学」の成立は、この数量化の技術による自然の「管理」によって可能となる。数量化は、本来は豊かな可能性をそなえた社会的存在を、特定の尺度によって射影

し、ほかの次元を捨象してしまうこととひきかえに、直線的に並べて比較することを可能にする。このことによって、対象となる出来事や個人を、管理可能な対象へと変換するのである。ポーターによれば、この数量化という社会的技術は同時に、「主観」を排除した「客観性」が成立することを可能にした。ここでの「客観性」とは、一貫性のある法則による支配であり、人による支配を排除しうることを含意する。

　ポーターのこの主張は、M.フーコー（1975=1977）の「規律・訓練」による権力論に基づいている。フーコーは実際、「規律・訓練」の基本単位を「序列」と位置づけ、学校における学級の配置や、整列、試験における成績序列化が、身体を没個人化し、計測可能な対象として訓練する近代社会のシステムであると例示している。このような数量化技術の権力こそが、「客観性」によって特徴づけられるランキングの計算論的な側面の源流と考えられるだろう。現代の多様なランキングは、見せ物としてのランキングと数量化技術としてのランキングという、理念的にも歴史的にも異なるメディアが複合化したハイブリッドによって構成されているのだ。

■ 第3節 │ ランキングと「ネイティブ広告」

　先述した通り、見せ物としてのランキングは、娯楽としてのメディアであると同時に、広告業が産業として確立する以前の江戸時代から、事実上の広告として機能するようなメディアでもあった。現代におけるランキングは、そのような見せ物としてアテンションを集めるような性質に、計算論的な手法が複合化したようなメディアといえる。その意味で、現代のランキングとは社会統計の一種が広告化したものというよりも、広告的なメディアに統計的な要素がつけ加わったものととらえる方が正しいのかもしれない。そして広告的な欲望と計算論的な手法が複合化した時、そのランキングがもつ「客観性」というシグナルは、「受け手」にとって注意すべき性質を構築する。

　本章で鍵カッコつきで示す「客観性」とは、ポーターの議論をふまえれば、その序列化の根拠となるスコアの計算が機械によってなされることによって、入力変数に対する出力に一貫性があることが保証され、それがゆえに「主観

第6章　ランキングと広告の「客観性」 │ 67

的」な介入の余地がないと表象されることを意味する。一般に入力変数の値が一定であれば、アルゴリズムによる出力の結果も一定になることは確かだが、そのことと、人間の恣意的な判断が入り込む余地があるかどうかは別の議論である。たとえば、しばしば問題となるレストランサイトのレビュー評価などにおいて、個々のユーザーの評価スコアを入力変数として、それぞれのレストランのスコアを集計する際、算術平均を用いるのか、一定の重みづけによって分布を調整するのか、あるいはそれ以外の要素を加味するのか、などのアルゴリズムの設計は、プラットフォームを運営する企業やエンジニアによる価値判断に依存する。同一の入力に対するスコアの一貫性は保たれていたとしても、その計算過程の妥当性は「送り手」の「主観」によって変わりうるわけだ。

　次に考えるべきなのが、計算論的なランキングがもつ自己言及的な循環である。たとえば、ニュースのアクセスランキングやSNSのトレンドは、それが上位であるということ自体が「見るべき」というシグナルを発する。しかし実際はそのコンテンツが、自分にとって必要な情報かどうかは読んでみなければわからない。場合によっては、ランキング下位の情報のなかに、自分が本当に求めているものが埋もれているかもしれない。しかし、単に上位であるという理由でアクセス数が増加すれば、ランキング上位の情報はさらにアクセスされるようになり、下位の情報はさらにアクセスされなくなる。この自己言及的な循環によって、ランキングの上位と下位の「格差」はどんどん再生産され拡大していくのだ。

　とくに現代のデジタル・メディア上のランキングは、その集計がアルゴリズムによってほとんどリアルタイムに更新されるため、この格差の再生産は加速度的に拡大していくことになる。これは、初期状態のランキングにおいて少しでも差異があれば、その差異がわずかであっても、シグナルの自己言及的な循環によって差異を拡大できてしまうことを含意する。このことは、アテンションを集めたい「送り手」にとってランキングで少しでも上位の序列を獲得することの重要性に直結する。インターネットのマーケティング活動において、SEO（検索エンジン最適化）と呼ばれる、検索結果ランキングの上位を獲得するためのさまざまな実践が重視され一般化しているのも、ランキングのこの性質と強く結びついている。「送り手」は、人々に高く評価されるコンテンツを制

作することでランキングを上げるのではなく、ランキングを操作的に上げることによって人々のアテンションを集める方に動機づけされるのだ。

　さらに注意すべきなのは、見立番付の時代にも指摘されていた、広告であることを隠蔽するような広告のあり方である。インターネットの検索エンジンとしてもっとも広く利用されている Google は、検索によるウェブページのランキングをユーザーに無料で提供している。そして Google の主な収益が広告であることもよく知られている。現在はさまざまな広告サービスを取り扱っているが、その原点は**検索連動型広告**と呼ばれる、検索結果ランキングの上部や下部に表示される広告だ。Google は公開当初、その検索エンジンの性能の高さから注目を集めたものの、有効な収益モデルを確立することができないでいた。検索キーワードに連動する広告を販売し、ランキングとともに掲載するというアイディア自体は Google のオリジナルではないが、検索連動型広告の導入が現在の Google の支配的な地位を確立する基盤になったことは間違いない。もちろん Google のような検索エンジンや、さまざまなランキングを提供しているプラットフォームは、その上位のランキングに掲載する権利そのものを直接広告として販売しているわけではない。広告として販売しているのは、検索結果ランキングとは別個に表示される（が、検索結果のリンクと類似したフォーマットの）広告である。現在は明確に広告であることが併記されてはいるが、検索結果ランキングの一部とも誤認しやすく、あまり区別できていないユーザーが多いことも指摘されている。

　一般に、本来は広告として販売されない部分のコンテンツ（検索結果ランキングや記事本体など）に類似したフォーマットで表現される広告を「**ネイティブ広告**」と呼ぶ。雑誌などでも取材記事の様式を模した記事広告などがあるが、検索連動型広告はインターネットのネイティブ広告の原初的な様態といえる。このようなネイティブ広告は、ランキングのようにアルゴリズムによって序列化されるインターフェイスと相性がよく、検索結果ランキングだけでなく、ニュースサイトの記事リストの間に出現する**インフィード広告**や、SNS のタイムラインの要素として表示される広告など、現代のプラットフォームにおいて広く活用されている。このネイティブ広告を応用し、広告だということを隠蔽して「受け手」に誤認させることを意図した手法が先述した「ステマ」である。

第6章　ランキングと広告の「客観性」　69

これらの手法は、ランキングのようなメディアのもつ「客観性」や「信頼性」のシグナルをいわば「間借り」するようなかたちで、広告メッセージにも「客観性」や「信頼性」があるかのような効果をもたせることができる。より多くのアテンションを、警戒されずに集めたい広告主には魅力的なメディアである一方で、「受け手」にとっては、いわば潜在的なシグナルによって知らず知らずのうちに特定の商品やサービスの利用に誘導される危険性を伴うものだ。とくに、広告であることを隠蔽する「ステマ」については、消費者保護の観点から2023年の景品表示法改正によって規制されるようになっている。

　ランキングというメディアは、現代のメディア環境における情報の選別や要約において、非常に有用な様式であり、だからこそ幅広く用いられている。しかしその歴史的な経緯からもわかる通り、ランキングの統計的性質がもつ「客観性」というシグナルはきわめて限定された意味であり、むしろランキング自体がアテンションを集める娯楽の一種として消費の対象になっている側面こそ重要であろう。ありふれた日常的なメディアであるランキングだが、広告やマーケティングとの複雑な結びつきによって時に「ステマ」の温床となる危険性を内包している。一方で、娯楽的な「見せ物」と統計的な「客観性」の要素をあわせもつその両義性には、多様なコミュニケーションの可能性も見出すことができる、特徴的なメディアの様態といえるだろう。

［関連書籍紹介］

Érdi, P., 2019, *Ranking: The Unwritten Rules of the Social Game We All Play*. Oxford University Press.（高見典和訳，2020，『ランキング──私たちはなぜ順位が気になるのか？』日本評論社.）：ランキングと「客観性」にまつわる現実やランキングが引き起こす錯覚について、さまざまな事例をもとに考察、解説している。比較や計測という社会的行為について幅広く理解することができる。

Porter, T. M.,1995, *Trust in Numbers: The Pursuit of Objectivity in Science and Public Life*. Princeton University Press.（藤垣裕子訳，2013，『数値と客観性──科学と社会における信頼の獲得』みすず書房.）：なぜ数量化すると信頼され、「客観性」が成立するのか、その歴史的、社会的背景について、科学史の観点から丁寧に考察する。近代科学や社会統計の前提となっている「あたりまえ」を批判的に考えるために重要な視点を与えてくれる。

［引 用 文 献］

青木美智男編，2009，『決定版番付集成』柏書房.

Crosby, Alfred W., 1997, *The Measure of Reality: Quantification and Western Society, 1250-1600*, Cambridge University Press.（小沢千重子訳，2003，『数量化革命——ヨーロッパ覇権をもたらした世界観の誕生』紀伊國屋書店.）

Foucault, Michel, 1975, *Surveiller et Punir: Naissance de la Prison,* Gallimard.（田村俶訳，1977，『監獄の誕生——監視と処罰』新潮社.）

Huizinga, Johan, 1958, *Homo Ludens: Proeve eener Bepaling van het Spel-element der Cultuur*, Tjeenk Willink & Zooon, Haarlem.（高橋英夫訳，1973，『ホモ・ルーデンス』中央公論社.）

Porter, Theodore M.,1995, *Trust in Numbers: The Pursuit of Objectivity in Science and Public Life*, Princeton University Press.（藤垣裕子訳，2013，『数値と客観性——科学と社会における信頼の獲得』みすず書房.）

Thomas, Raymond, 1991, *Histoire du sport*, Presses Universitaires de France.（蔵持不三也訳，1993，『スポーツの歴史 新版』白水社.）

土屋喜敬，2017，『ものと人間の文化史 相撲』法政大学出版局.

Chapter

口コミはなぜ広告文化の
問題になるのか

7

宮﨑　悠二

・ ・ ・ ・ ・ ・ ・ ・ ・ ・ ・ ・ ・ ・ ・ ・ ・ ・ ・ ・

　気になる商品を購入する前に、インターネットで Amazon や @cosme のレビューを見てみる。はじめての飲食店を訪れる前に、そのお店を訪れた人たちによる評判を食べログで確認してみる——。商品やサービスについての「口コミ」は、消費についての情報として私たちの身近にあり、また不可欠なものになっている。歴史を紐解いてみると、「口コミ」という言葉は 1960 年頃から存在することがわかる。インターネット上の「口コミ」を念頭に置けばずいぶん昔からある言葉にも思えるが、他方で「口を使ったコミュニケーション」のことだとすれば意外に最近できた言葉のようにも思える。実は「口コミ」なるものがほかでもなく 1960 年頃に広まってきた背景には広告文化との密接な関係がある。「口コミ」の歴史から浮かび上がってくるのは、「広告」を後ろ側から映し出す存在としての「口コミ」の姿である。

・ ・ ・ ・ ・ ・ ・ ・ ・ ・ ・ ・ ・ ・ ・ ・ ・ ・ ・ ・

第 1 節 ｜ 私たちを取り囲む「口コミ」

　商品やサービスについての評判である**口コミ**を「口コミサイト」と呼ばれるレビューサイトでチェックしたり、通販サイトの口コミを商品購入時の参考にしたりすることは、日常的な情報行動の一部になっている。消費者庁が毎年実施している「消費者意識基本調査」の 2022 年度調査では、インターネットで商品・サービスの予約や購入をしていると回答した 7 割強の回答者のうち、インターネットでの商品やサービスの購入時に気を付けていることとして「口コミや評価を判断材料にする」が「とても当てはまる」(39.3％)、「どちらかというと当てはまる」(45.3％) とする回答は合わせて 84.6％であった。これは情報の信頼性、プライバシー、セキュリティへの配慮といったほかの回答をこえて、もっとも高い数値である。また、インターネットでの購入に限定せずにた

ずねた同 2021 年度調査でも、商品やサービスの購入時に重視するものとして「口コミや評価」を「とても重視している」(13.0%)、「ある程度している」(43.4%) とする回答は合わせて 56.4％であり、半数をこえている (消費者庁 2023)。

このように、商品やサービスについての情報として口コミが重視されているからこそ、口コミのやらせ投稿は、広告でありながら広告であることを隠す**「ステルスマーケティング（ステマ）」**の一種として時に大きく問題化される。2010 年代には「口コミサイト」での「ステマ」についてのニュースはたびたび全国紙で報じられ、2023 年 10 月からは「ステマ」が景品表示法上の「不当表示」として規制対象にもなった。上述の 2022 年度「消費者意識基本調査」での「インターネットでの商品・サービスの購入・予約時に気を付けていること」への回答としても「口コミや評価の内容が信頼できるか確認する (ステルスマーケティングかなど)」が「とても当てはまる」(24.0%)、「どちらかというと当てはまる」(38.1%) とする回答は合わせて 62.1％であり (消費者庁 2023)、消費者の「ステマ」への警戒心がうかがえる。動画投稿サイトで目にする「この動画はプロモーションを含みます」といった表示 (いわゆる「関係性明示」) も、直接的には法的必要性から用意される文言だが、私たちが口コミに期待する「宣伝性の無さ」が裏切られないようにするための措置にもなっている。

■ 第 2 節 ｜ コミュニケーションの二段の流れ

消費行動において重視される口コミについては、社会心理学やマーケティング論の分野で主として計量的研究 (アンケートや実験) の知見が蓄積されてきた。そうした研究成果の基礎的な部分を大きくまとめると「認知はマスコミ、購買は口コミ」ということになるだろう。つまり、商品やサービスについての情報を知る認知段階ではマスコミの影響が大きく、実際に購買するかどうかを判断する意思決定段階になると口コミの影響が大きい、というのが大筋の理解だ (Rogers 1962=1966: 69; 濱岡・里村 2009: 39)。

このような口コミについての計量的研究の源流に当たるのが、アメリカの社会心理学者 P. F. ラザーズフェルドの研究である (Lazarsfeld は邦訳書等では「ラザースフェルド」表記が多いが、ここでは本来の発音 (石田 2012: 14) に近いといわれる「ラ

ザーズフェルド」表記を用いる）。ラザーズフェルドらの研究グループは 1940 年代にアメリカでマスメディアの影響力についての実証的調査を進めるなかで「**コミュニケーションの二段の流れ**」という見方を提唱した。マスメディアは大衆に対して直接的に影響力を行使するのではなく、「**オピニオンリーダー**」と呼ばれる人々による「パーソナル・コミュニケーション」を介して、そのフォロワーである大衆に、二段階で間接的に影響力を及ぼすというものだ（Lazarsfeld et al. [1944]1968＝1987: 222）。今日の社会心理学、マーケティング論の口コミ研究では「口コミ」と「パーソナル・コミュニケーション」を同義のものととらえ、ラザーズフェルドらの研究はそこでまず参照される古典になっている。

　本章では、このように社会心理学やマーケティング論の分野で主に論じられてきた「口コミ」を歴史的観点からとらえ、その広告とのかかわりをみていく。「そもそも口コミとはいかなる存在なのか」を考えるため「口コミ」という概念の登場時点に目を移す時、広告との関係がその中心に位置することが見えてくる。次節以降、「口コミ」という言葉の出自を巡る問題を辿ってみよう。

■■ 第 3 節 ｜ 「口コミ」の起源を巡る 2 つの「誤解」

　国語辞典や俗語辞典を引くと、「口コミ」という言葉は評論家の大宅壮一が1960 年代初頭につくった造語であるとする解説がよく見つかる。たとえば『大辞泉』（小学館、第 2 版 2012 年）には「うわさ・評判などを口伝えに広めること。『――で売れる』（補説）マスコミをもじった語。1960 年代の初めに使われだした」と記載されており、また『日本俗語大辞典』（東京堂出版、新装版 2020 年）には「①口から口へ個人的に伝えていくコミュニケーション。1962 年頃から使用。（中略）② 1963 年、大宅壮一の造語で、活字の著述ではなく、大衆を相手にラジオやテレビや講演などを通じて口で語って伝えること」と記載されている。どちらも「口コミ」の辞書的解説として典型的なものだ。

　しかし、こうした「口コミ」の辞書的解説には誤りが含まれていることが少なくない。それは初出年についての誤りと、初出時の意味についての誤りである。まず初出年についてだが、「口コミ」という言葉は 1959 年に大宅がはじめて使用した。次に意味についてだが、大宅はもともと「商品やサービスについ

てのうわさや評判」の意味で「口コミ」という言葉を使ってはいなかった。先に示した『大辞泉』の解説は初出年の書きぶりが誤解含みでありうるし、『日本俗語大辞典』は大宅の用いた意味については正確だが初出年に誤りがある。また、ここに示さなかった解説でとくに注記なく「口コミは大宅壮一の造語である」とすることも多いが、大宅は現在使われる意味で「口コミ」を使い始めたわけではないから、潜在的には初出時の意味についての誤解含みな表現ではあるだろう。

　一見するとこれらの「誤解」はささいなものだ。「口コミ」という言葉そのものは大宅壮一の造語には違いないし、初出年もせいぜい3〜4年の違いでしかない。「誤解」や「誤り」とするのは言い過ぎに思えるだろう。しかし、「口コミ」という言葉の初出年と当初の意味の問題は、見かけ以上に口コミと広告文化にとって重要な意味をもっている。

　さて、すでに述べたように大宅が1959年に「口コミ」という言葉をはじめて用いた際の用法は、現在のそれとは大きく異なっていた。当時は民間放送のラジオやテレビが成長してきた時期だった。そのなかで大宅は自身のような文筆家がラジオやテレビに出演するようになったことにふれ、原稿筆記のように手を使う仕事を「手コミ」、口述筆記や番組出演時の会話のように口を使う仕事を「口コミ」あるいは「舌コミ」と呼んだ（大宅 1959: 17）。

　ここでの「口コミ」に「商品やサービスについての評判」の意味あいはないし、「マスコミ」をもじった言葉ではあるが「マスコミ」と対比されているわけではなく、マスメディアに出演して喋ることも「口コミ」に含まれている。大宅は当初、コミュニケーションに用いる身体の部位に着目して「口コミ」という言葉を使ったのであり、「舌コミ」という言い換えは、このことを直接的に示している。大宅が使用し始めた「口コミ（舌コミ）」は「手コミ」と対比される言葉であって、「マスコミ」と対比される個人間コミュニケーションとしての「口コミ」という言葉をつくったわけではなかったということだ。

　ところが、その大宅本人が1963年に執筆した「口コミ」についての辞書的な解説では、個人間コミュニケーションの意味で「口コミ」が記述されることになる。『現代用語の基礎知識』の1963年増補版では「クチコミ」の解説が「人の口から口へ個別的に伝えられるコミュニケーション。流行や宣伝を伝え

るウワサの威力を名づけたもの。原稿用紙をうめていく文筆的なものを手コミという。」(『現代用語の基礎知識』自由国民社、1963年増補版：1013) とされている。「手コミ」との対比は残されているものの、「舌コミ」とも言い換えられていたような身体性への着目は薄らいでおり、かわりに個別的なコミュニケーションであること、流行や宣伝を伝えるうわさに関する言葉であることが中心的な意味になっている。「個人間コミュニケーションを意味する、広告宣伝に関わる言葉であること」、この点において、1963年の時点で「口コミ」は今日でも中心的に用いられる意味へと変化しているのだ。インターネットに書かれるレビューを口述筆記でなくとも「口コミ」と呼ぶのは、身体性への着目が薄らいだ「個々人による評判」の意味がそこに受け継がれていることを端的に示している。ただし、「個人間コミュニケーション」の意味での「口コミ」の発信源は、大宅壮一その人とは異なる場にあった。

第4節 「口コミ」の誕生

「口コミ」を「個人間コミュニケーション」とする意味の源泉は、アメリカのマス・コミュニケーション研究にあった。第2節で紹介したラザーズフェルドらの「コミュニケーションの二段の流れ」の知見が1950年代後半の日本で、とくに広告業界を中心に紹介されたのである。

1950年代後半はテレビが急速に普及し、戦後日本におけるメディア環境の激変期だった。テレビ受信契約数は年々増加し、マスメディアの生態系が大きく組み替わるとともに広告市場も変化を被り始めていた。新聞の広告費は増加を続けてはいたが、テレビ広告費の増加の勢いはそれを上回り、最大の広告媒体だった新聞広告はテレビ広告にパイを奪われ始めたのだ (→第12章)。

テレビに広告費を奪われる——。当時の新聞社に存在していたこの危機感に対するひとつの指し手が「コミュニケーションの二段の流れ」だった。つまりこういうことだ。たしかにテレビの視聴者は急増しており、大衆にリーチする魅力的な広告媒体かもしれない。しかし、購買に影響力を与えるのは「オピニオンリーダー」と呼ばれる人々であり、マスメディア (広告媒体) の影響力はオピニオンリーダーを介して二段階で到達する。そして新聞読者のなかには多

くのオピニオンリーダーが存在するのであり、購買につながる有効な広告を打ちたいのであれば、新聞広告を活用するべきだ——。このことを説得的なデータとともに広告主に提示できれば、「コミュニケーションの二段の流れ」の知見は新聞社にとって有力な武器になる。

　実際に、朝日新聞社広告部が日本読書学会に資金援助をするかたちで1956年末から数回にわたって「オピニオンリーダー」についての調査を含む「読書社会調査」が実施され、朝日新聞社広告部はその調査結果によって朝日新聞読者層に「オピニオンリーダー」が多いことを示した。ちなみに、ラザーズフェルドもアメリカで低所得層の女性を主たる読者にもつ雑誌を発行していたマックファーデン社に対して、主たる読者層たちの購買力自体が小さくても、それが「オピニオンリーダー」であるとわかれば読者層の広告ターゲットとしての価値を広告主に提示でき、雑誌の広告媒体としての価値が上がると「調査の売り込み」をかけ、1940年代半ばにイリノイ州で行った社会調査の資金援助を受けている（Morrison 2006: 70）。

　さて、1956年末から始まる一連の「読書社会調査」の結果は当時の広告関係の専門誌や専門書籍で広く紹介され、また朝日新聞の広告媒体価値を示す営業資料としても活用された。「コミュニケーションの二段の流れ」を広告業界に広めた立役者は朝日新聞社だったが、読売新聞社や毎日新聞社の1960年前後の調査資料や媒体資料でも「オピニオンリーダー」について、データとともにふれているものが少なくない。「オピニオンリーダー」「コミュニケーションの二段の流れ」についての調査としてはそれまで社会学者の加藤秀俊が1955年に行った参与観察が存在していたが（加藤1957）、大規模な実証調査としては広告業界以外も含め「読書社会調査」がおそらく日本ではじめてだろう。つまり「コミュニケーションの二段の流れ」の知見は、アメリカのコミュニケーション研究の専門書から直接普及したのではなく、朝日新聞を中心とする新聞社を介して、まさに二段階式に日本に普及したとみられる。

　そして1962年から、広告効果において「オピニオンリーダー」が役割を果たすという「コミュニケーションの二段の流れ」の考え方を前提にした「個人間コミュニケーション」の意味で「口コミ」という言葉が使われるようになる。当時の雑誌記事のようなテクストのなかでは「オピニオンリーダー」の存

第7章　口コミはなぜ広告文化の問題になるのか　77

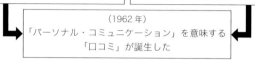

図 7-1 「口コミ」の誕生

在を前提とした「パーソナル・コミュニケーション」の意味で個人間のやりとりが「口コミ」と呼ばれ、身近な人々による消費行動への影響が「発見」されていくのだ。そうしたテクストのなかでラザーズフェルドの名前があげられることも少なくない。大宅壮一がつくった「口コミ」という言葉と、「コミュニケーションの二段の流れ」の用語系の「パーソナル・コミュニケーション」とが接合することで（図7-1）、今日でも使われる意味での「口コミ」という言葉が誕生したということだ（宮﨑 2021）。

その意味で「口コミ」の中心にはもともと、広告施策として活用したいという利害関心が存在していた。当初から「口コミ」は、まずもって広告的な用語だったということだ。商用情報にかぎらず一般的に「うわさ・流言」の広まる経路として「口コミ」という言葉が使われることもあるが、現在もこの言葉の中心的な活躍の場は消費行動に関わるテクストである。

第5節　広告を後ろ側から映し出す「口コミ」

「口コミ」を字義通りにとらえれば「口頭コミュニケーション」のことであるから、人類が言語を獲得した時からずっと「口コミ」が存在し続けてきたと考えられるかもしれない。あるいは商品についての口頭コミュニケーションに限定したとしても、商品経済の存在と同じだけ「口コミ」が古くから存在してきたと考えられるのかもしれない。しかし、みてきたように「口コミ」という言葉は、戦後のある時期にはじめて登場し集中的に使われ始めた言葉だったのであり、口頭コミュニケーションに「口コミ」という名称が与えられ着目されるようになる事情と、その時代の広告を巡る社会背景とは密接に関わってい

た。そして「口コミ」という言葉に込められた特定の利害関心は現在まで引き継がれ、「口コミ」がいかなる存在であるのかを規定してもいる。「口コミ」という言葉がある時期登場したことは、それまですでに存在していたコミュニケーションの様式に「口コミ」という名前を単に与えたということ以上の意味をもつ。「口コミ」という名称を与えることと「口コミ」という存在そのものの性格が規定されることは同時的な事象だったということだ。だからこそ「口コミ」という言葉の登場と普及に着目することは、単に言葉だけの問題ではなく、「口コミ」そのものの歴史や文化的側面の理解につながっていた。

　広告は記号的価値をアピールして商品に「シンボル」としての価値を付与する（→第14章）というイメージは、平成以降の不況とインターネットの普及を背景に薄れてきており、現在では消費者みずからの価値体系を更新することなく商品やサービスの正確な機能やコストパフォーマンスを伝える「シグナル」としての情報が、広告を含め商品についての情報により一層求められるようになってきているのではないだろうか。象徴的意味を読み込む必要のない「シグナル」としての役割が商用情報に期待されているからこそ消費者は「口コミ」を求めるし、他方で広告を「口コミ」に擬態させようとする送り手の欲望が生まれてくるともいえる。

　今日とくにSNSでオピニオンリーダーの役割を演じる人々を指す「**インフルエンサー**」という言葉は2000年代後半から日本でも広告関連の専門雑誌やビジネス書で用いられるようになった。全国紙でこの言葉が用いられるのは、読売新聞社、朝日新聞社の記事検索データベースで確認するかぎりはこれより後のことである。「オピニオンリーダー」が口コミの流通経路として広告介入の対象としてとらえられたのと同様に、「インフルエンサー」もまた、口コミの流通経路としての広告介入の対象であることがそもそもの前提になっている可能性もあるだろう。ただし「インフルエンサー」という言葉の場合は、それが宣伝の担い手であることが消費者にとって織り込み済みであるとも考えられる。2022年度の「消費者意識基本調査」では、インターネットで商品・サービスの予約や購入をする人のうち「インフルエンサーによる商品・サービスの宣伝」を便利だと回答した人は16.7％にとどまり、逆に、不利益が生じるおそれがあると回答した人の割合は49.6％であった（消費者庁 2023）。「どうせ広告」

第7章　口コミはなぜ広告文化の問題になるのか　79

と受け取られるようになったインフルエンサーのレコメンドや、「広告である」との表示を余儀なくされた「インフルエンサー広告」は、口コミの宣伝活用であるよりは「親近感の強いタレント広告」になっているのかもしれない。ここでのインフルエンサーは、理想像やブランドイメージといった追いかけるべき「シンボル」を伝えるのではなく、商品のコストパフォーマンスの高さや実用性を伝える役割をもった「広告塔」として「夢から醒めた消費」（藤嶋 2018: 118-119）を象徴する広告文化の一要素であるともいえよう。

　そして広告と口コミを巡る関係を考える上で、**「広告の逆説的性格」**に目を向けることが洞察を与えてくれる。広告はどのようなかたちであれ広告対象を褒めなければならない。だから広告であることが明示されれば、そのメッセージ自体の信頼性が損なわれることになる（「どうせ広告だから褒めてるんでしょ」）。広告には根源的にこうした「逆説的性格」がある（辻 1998: 105-106）。口コミに対して、消費者が商品情報として期待を寄せるのも、産業界が広告施策として期待を寄せるのも、根底にはこの性質が関わっている。

　広告と口コミの間に存在する、広告の逆説的性格を巡るこのせめぎあいこそが、口コミの本質である。口コミの広告的効果が話題になる時はいつでも、その時々の、送り手の「広告不振」と受け手の「広告不信」——これらは同じコインの両面でもある——が抱きあわせの話題になってきた。口コミはここで、広告の後ろ側にできる影のようなものだ。「広告不振＝広告不信」が強ければ強いほど、その輪郭は、よりはっきりと私たちの目に映る。私たちにとって「口コミ」とは何者なのかを知ることは、私たちにとって「広告」とは何者なのかを知ることにもなるのである。

［関連書籍紹介］
山本晶, 2014, 『キーパーソン・マーケティング——なぜ、あの人のクチコミは影響力があるのか』東洋経済新報社.：マーケティング論での口コミの見方を知ることができる。
松田美佐, 2014, 『うわさとは何か——ネットで変容する「最も古いメディア」』中央公論新社.：本章ではふれられなかった、うわさや流言を伝えるコミュニケーションについて、社会心理学の立場から学ぶことができる。

［引 用 文 献］

藤嶋陽子, 2018, 「着こなしの手本を示す――読者モデルからインフルエンサーへ」岡本健・松井広志編『[シリーズ] メディアの未来 11 ポスト情報メディア論』ナカニシヤ出版, 107-119.

濱岡豊・里村卓也, 2009, 『消費者間の相互作用についての基礎研究――クチコミ, e クチコミを中心に』慶應義塾大学出版会.

石田浩, 2012, 「社会科学における因果推論の可能性」『理論と方法』27(1): 1-18.

加藤秀俊, 1957, 「ある家族のコミュニケイション生活――マス・コミュニケイション過程における小集団の問題」『思想』(392): 92-108.

Lazarsfeld, Paul F., Bernard Berelson and Hazel Gaudet, [1944] 1968, *The People's Choice: How The Voter Makes Up His Mind in a Presidential Campaign*, 3rd ed., Columbia University Press. (有吉広介監訳, 1987, 『ピープルズ・チョイス――アメリカ人と大統領選挙』芦書房.)

宮﨑悠二, 2021, 「1960 年代初頭における『クチコミ』の概念分析――『オピニオン・リーダー』との結び付きに着目して」『マス・コミュニケーション研究』(98): 107-124.

Morrison, David E., 2006, "The Influences Influencing Personal Influence: Scholarship and Entrepreneurship," *The ANNALS of the American Academy of Political and Social Science*, (608): 51-75.

大宅壮一, 1959. 「"流動マス・コミ"の強さ――フ首相取材旅行に感ず」『週刊東京』5(45): 17.

Rogers, Everett M., 1962, *Diffusion of Innovations*, The Free Press of Glencoe. (藤竹暁訳, 1966, 『技術革新の普及過程』培風館.)

消費者庁, 2023「消費者意識基本調査」消費者庁ホームページ, (2024 年 2 月 1 日取得, https://www.caa.go.jp/policies/policy/consumer_research/research_report/survey_002).

辻大介, 1998, 「言語行為としての広告――その逆説的性格」『マス・コミュニケーション研究』(52): 104-117.

PART III

かたちを変える広告

　あなたはコーヒーを片手におしゃれな街並みを散策している。すると、有名美術館でお気に入りのブランドの展覧会を発見した。展示を鑑賞した後、最寄りの地下鉄駅構内でスクリーンに映し出される、人気アイドルの歌唱ステージをまとめた動画が目に飛び込んできた。家に着いてニュースを眺めると、政党候補者の街頭演説が放送されていた。こうした何気ない日常シーンのなかに、実は「広告的な活動」がいくつも散りばめられている。第Ⅲ部の「かたちを変える広告」では、狭い意味での広告らしい形態ではないものの、広告と密接に関連した多様な文化現象や社会活動を取り上げていく。第8章「広告都市の地層」では、都市空間そのものが広告的な機能を担う「広告都市」について議論している。第9章「芸術と共振するブランド・コミュニケーション」では、美術展や芸術活動の支援を通じてブランディングをするPRの取り組みについて、第10章「政治活動と広告」では、国家の政治指導者が行うプロパガンダ戦略や選挙キャンペーンを取り上げる。第11章「アイドルファンと応援広告」では、アイドルファンが広告の送り手となる事例から、これまでのメディアの送り手と受け手の関係を問い直すような、広告の新しい姿を示している。

Chapter 8 広告都市の地層
メディア技術とのかかわりを中心に

飯田 豊

・・・・・・・・・・・・・・・・・・・・・・・・・・・・

　新宿に 2021 年、3D 屋外広告ビジョンが設置され、飛び出す三毛猫の 3D 動画が、テレビや SNS で大きな話題になった（図 8-1）。この「新宿東口の猫」は、国内外で数多くの広告賞を受賞している。

図 8-1　新宿東口の 3D 巨大猫（2021 年、©G3DC）

図 8-2　カールスルーエ城（ドイツ）のプロジェクション・マッピング（2015 年、筆者撮影）

もう少しさかのぼると、2010年代にはAR（Augmented Reality = 拡張現実）やプロジェクション・マッピングなどの映像技術が、屋外広告の新しい手法として注目を集めた（図8-2）。こうした広告はいずれも、現地にいなければ体験できないものの、その写真や動画はSNSなどで広く拡散される。

ただし、都市を広告の舞台として活用していくという発想自体は、決して新しいものではない。たとえば、19世紀末に試行された「幻燈広告」は、プロジェクション・マッピングによく似ている（図8-3）。幻燈（マジック・ランタン）とは、ガラスに記された絵や文字を、ランプとレンズを使用して拡大投影する装置である（大久保2015）。技術の水準は現代とはまったく異なるが、人間の発想はさほど劇的には変わらない。

図8-3　幻燈による映像広告（吉澤商店幻燈部、1905）

そこで本章では、都市と広告のかかわりの地層を歴史的にとらえ、メディア技術との結びつきにも注目したい。都市における広告文化の変容は、社会学ではどのように論じられてきたのだろうか。それをふまえて、都市とメディアが深く相互浸透している現代の状況について、どのように理解できるだろうか。

・・・・・・・・・・・・・・・・・・・・・・・・・

第1節　都市広告の系譜：1960年代まで

都市を広告の空間として活用しようという試みは、遅くとも19世紀までさかのぼることができる。中世における看板や暖簾（のれん）などを起源と見なすこともできるが、広告と呼べるかどうかは意見が分かれる。19世紀を通じて鉄道や電気が急速に普及し、都市への人口集中が進行した結果、ポスター、電柱広告、電車内広告、イルミネーション広告などの手法が定着していった。

日本の状況については、電通が創立75周年記念事業の一環として刊行し

た、内川芳美編『日本広告発達史』に詳しい。日本では 20 世紀初頭までに、ちんどん屋や楽隊広告、宣伝カー、広告気球（アドバルーン）、呉服店（のちの百貨店）のショーウィンドウなども登場している（内川編 1976: 129-142）。

そして 1930 年代になると、東京では銀座や新宿の歓楽街などにネオン看板が相次いで設置され、赤や青の光が夜空を彩り始める。大阪では私鉄各社が競って、高層ビルの壁面をネオン広告で飾る「アド・ビル」を展開した。同じ頃、スカイサイン（電光掲示板による広告）も登場する（内川編 1976: 350-352）。

第二次世界大戦後、1946 年には早くも銀座に広告塔が復活している。その後、戦時下に規制されていたネオン広告も解禁され、戦後復興の象徴となっていった（内川編 1980: 37-39）。高度経済成長期に都市広告は堅調な発展を遂げるものの、いわゆるマスコミ 4 媒体（新聞、雑誌、ラジオ、テレビ）が広告文化の主役となり、目立った技術革新はみられない。

ところが、『日本広告発達史』が編纂された 1970 年代を境として、都市と広告のかかわり方は大きな変化を遂げる。まず、1950 〜 60 年代に普及を遂げたテレビによって、都市の出来事が生中継されることが日常化した。さらに 80 年代には屋外広告に映像技術が活用され始めたことで、都市文化と映像文化が複雑に相互浸透するようになった。その結果、都市のなかで広告を展開していくという従来の考え方とは一線を画して、都市そのものが広告化していったのである。

■ 第 2 節 | ふたつの万博を手掛かりに：1970 〜 80 年代

こうした変化を予兆する象徴的な出来事が、1968 年 5 月に日本テレビで放送された「木島則夫ハプニングショー」だった。番組の初回、新宿コマ劇場前から生中継を行うことを新聞広告によって予告したことで、推定 5000 人の若者が押し寄せ、狂騒が引き起こされたのである。北米で「ハプニング」とは、伝統的な芸術形式や時間秩序を無視した、前衛的な演劇的試みを意味する。新宿には当時、型破りな（演劇や映画などを含む）前衛芸術の拠点が点在していた——たとえば、喫茶店「新宿風月堂」には、美術評論家で詩人の瀧口修造、劇作家の寺山修司や唐十郎などが集っていた——こともあり、学生運動の当事者

を含む多様な人々が集まっていた。

とはいえ、都市で無軌道的に展開された破壊的な前衛芸術は急速に求心力を失い、新しい工業素材や映像技術などを駆使した、合理的で先進的な芸術の可能性が追求されていくようになる。こうした潮流が、1970 年に大阪で開催された日本万国博覧会（以下、**大阪万博**）にいっせいに流れ込んでいった。

■ 1. 広告都市の誕生：1970 年代

1967 年にカナダで開催されたモントリオール万国博覧会が、いわゆる「映像博」の端緒とされる。1960 年代の北米で注目を集めた「ハプニング」、「インターメディア」、「環境芸術」といった潮流が、モントリオール万博のマルチスクリーンやマルチプロジェクションによる映像展示に結実した。

その成功をふまえて、大阪万博も開幕前から、映像展示が大きな目玉であることが強調されていた。モントリオールで用いられた技術や手法が手堅く踏襲され、多くの前衛的な芸術家や建築家が抜擢された。万博は国家宣伝や企業広告の場ではないという建前のもと、大阪万博は「世紀のお祭り」として演出されたが、それでも「高度成長を謳歌する日本の大企業にとって、格好の巨大な広告展示場であった」と総括できる（吉見 [1992] 2010: 244）。

こうした実験的な取り組みは、1970 年代に入ると万博という巨大な求心力を失い、現代美術や都市・建築は言うに及ばず、広告やファッションなどの分野に、その余波が広く拡散していった。

西武資本による**パルコ**の成功は、その最たる象徴だった。東急と西武が競って開発を進めていた渋谷で、「渋谷パルコ」は 1973 年、大学生から社会人になり始めた団塊世代の女性に焦点を当てたファッションビルとして開業した。百貨店をはじめとする従来の商業施設と決定的に異なっていたのは、「渋谷公園通り」の開発と一体化した経営を展開したことである。もともと「区役所通り」と呼ばれていたが、渋谷駅から代々木公園につながっていることに加えて、「パルコ（PARCO）」がイタリア語で「広場」や「公園」を意味することから、開業と同時に命名された。

公園通りには 1970 年代から 80 年代にかけて、ファッションビルやライブハウスなどが立ち並んだ。パルコは、そのすべてを手掛けているわけではないに

第 8 章　広告都市の地層　87

もかかわらず、最先端の流行が集積している街として渋谷を演出することで、その象徴として機能することに成功した。都市に広告を展開するという発想ではなく、広告が都市そのものを飲み込むことによって、極端にいえば、ただ通りを歩いている人びとでさえ、無意識にパルコの広告の一部になるのである。

こうしたパルコのイメージ戦略は、西武百貨店とパルコを中核とするセゾングループの多角的な文化事業——美術館、書店、映画館、劇場などの経営、出版事業や映画事業など——を後押しした。いわゆる「**セゾン文化**」である。

1977年にパルコが創刊したマーケティング雑誌『アクロス』は1980年代、ファッションの嗜好性によって若者をグループ化することで、それが購買行動だけでなく、価値観やライフスタイルの違いにも結びついているという考え方を定着させた。こうした時流に乗って成長を遂げたパルコ自体、消費社会を象徴する存在と目されるようになった。

もっとも、1980年代後半に『アクロス』の編集長を務めていた三浦展は、1970年代におけるパルコの特殊性を、西新宿の開発に象徴される都市の管理化に対する「反システム的な動き」と位置づけている（三浦ほか 2016）。渋谷パルコの最上階には西武劇場（現・PARCO劇場）がつくられたが、パルコを率いた増田通二が、劇場をやれば必ず成功するという確信を抱いたのは、1969年12月に唐十郎が率いる状況劇場と寺山修司が率いる天井桟敷が、渋谷で起こした乱闘事件が契機だったという。都市のなかでハプニング的にくり広げられていた、反体制的な前衛演劇のダイナミズムに触発されたわけである。

南後由和によれば、増田が目指した「広場」ないし「公園」とは、「国家や行政の公領域におさまるものでもなければ、民間の利己主義的な私領域におさまるものでもなく、それらが交わる共領域である「コモン」の発想を先取りするものだった」という。セゾングループを率いた堤清二（辻井喬）も、市場経済がもたらす幸福のあり方に懐疑的で、消費社会の進行に伴って、異質な他者に開かれた中間的な共同体が消滅することを憂いていた（三浦ほか 2016）。

こうした考え方をもった堤が1980年、「無印」というアンチブランドを掲げて立ち上げたのが、「無印良品」である。皮肉なことに、2001年に崩壊するセゾングループが残した遺産のなかで、無印良品は現在、全国どこにでもある都市文化を象徴するブランドとして、成功を収めている（近森・工藤編 2013）。

■ 2. 都市と映像の相互浸透：1980～90年代

　1985年に茨城の筑波研究学園都市で開催された国際科学技術博覧会（以下、**つくば科学博**）も、開幕前から「映像博」であることが自明視されていた。ただし、光学映像（フィルム）が主流だった大阪万博と大きく異なっていたのは、つくば科学博では電子映像の活躍が期待され、エレクトロニクスの祭典であることが強調されていたことである。光学映像は海外の技術に依存していたのに対して、電子映像は国産技術の独壇場であるため、科学万博の趣旨にのっとり、電子工学による技術立国を謳うことが目指された。

　日本のエレクトロニクスの到達点を象徴していたのは、ソニーの「ジャンボトロン」であった。横40メートル、縦25メートルの巨大カラー画面で、白昼下でも高画質・高輝度の電子映像を放映することができた。大阪万博では直接的な企業広告が抑制されていたが、出展企業は「科学技術」を「エレクトロニクス」と読み替えることによって、自社宣伝を存分に押し出すこともできたわけである。

　ところが、国産のエレクトロニクスに根ざした電子映像は結局、つくば科学博における映像展示の主役にはならなかった。電子映像を大きく映すことができる装置はまだ希少性が高く、結局は大阪万博と同様、光学映像に頼らざるをえなくなったのである。数少ない例外が、ソニーのジャンボトロンに加えて、三菱電機製の「オーロラビジョン」、松下通信工業製の「アストロビジョン」などの野外テレビジョン映像装置だった。

　1980年代には地方博覧会ブームが起こり、大阪万博では実験的に試行された技術や手法が、大企業や広告代理店のマーケティング戦略に基づいて、安定した「パッケージ」として供給されていく。映像展示はその主力となった。

　アストロビジョンやオーロラビジョンはその後、野球場やサッカースタジアム、陸上競技場、競馬場や競艇場などに相次いで設置されるとともに、都市の大型街頭ビジョンとしても活用されていく。たとえば、1991年には原宿の明治神宮交差点にあるビルの壁面にアストロビジョンが取りつけられ、「原宿アストロ」（現・原宿表参道ビジョン）として運用が開始される。また、1979年に竣工した「新宿アルタ」（当時の正式名称は「新宿情報ビル・スタジオアルタ」）には、

第8章　広告都市の地層　89

いち早く大型街頭ビジョン「アルタビジョン」が設置され、新宿を代表するランドマークになっていた。当初はモノクロの映像だったが、1992年にアストロビジョンに取り替えられた。

　こうして1990年代を通じて、広告媒体としての大型街頭ビジョンが都市に遍在するようになった。情報技術の革新は、インターネットやモバイルメディアの普及によって個人の私的空間に恩恵をもたらすよりも前に、広告化した都市をあらたに再編成する力学として作用したのである。それは、短期的には都心のごく一部にみられる現象にすぎなかったが、長期的には地方都市にまで広く普及し、映像による都市広告の画一化を大きく後押ししていくことになる。

■ 第3節 │ 広告都市の社会学：舞台化／脱舞台化／再舞台化

　これまでみてきた広告文化の変容は、社会学とどのように関わるのだろうか。まず、前節で紹介したセゾン文化は1980年代、都市文化や消費社会の行方に関心を向けていた評論家や社会学者にとって、魅力的な研究対象になった。たとえば、セゾングループの社史（全6巻）として市販された『セゾンの発想——マーケットへの訴求』のなかで、上野千鶴子は、企業の実体よりもイメージ戦略が過剰に先行していることを指摘している（上野 1991）。

　また、『都市のドラマトゥルギー——東京・盛り場の社会史』を著した吉見俊哉は、盛り場（繁華街）の集まりを「出来事」としてとらえ、その意味を規定する舞台装置として都市を分析した（吉見 [1987]2008）。吉見が跡づけた浅草、銀座、新宿、そして渋谷は、都市広告の歴史の舞台とも重なりあう。そして、広告都市としての渋谷の舞台性については、すでに前節で述べた通りである。

　ところが、1990年代初頭のバブル崩壊をひとつの契機として、こうした広告戦略に覆われた渋谷の舞台性が崩れ始め、セゾングループの文化事業も相次いで失墜した。全国どこにでもある量販店、ファストフード店、ドラッグストア、ディスカウントストアなどがしだいに存在感を強め、渋谷の固有性が失われていったのである。

　そしてもうひとつの契機が、2000年代におけるケータイ（携帯電話）の普及

90 　第Ⅲ部　かたちを変える広告 ■■■

だった。ケータイで別の場所とつながりながら街を歩いている人たちは、必ずしも同じように時間や場所を経験していない。珍しい光景を目の当たりにしたり、おもしろい出来事に遭遇したりすると、すぐさまメールや写真を通じて——スマートフォンが普及した現在であれば、ソーシャルメディアを介して——友だちと経験を分かちあうことができる。『広告都市・東京——その誕生と死』を著した北田暁大は、「脱舞台化」した都市の経験が、ケータイを介して消費されていく状況を、「素材としての都市」と呼んだ。渋谷は「その固有性がもたらすイメージによって人びとを引き寄せる舞台としてではなく、情報量・ショップの多さというなんとも色気のない数量的な相対的価値によって評価される「情報アーカイブ」として機能」するにすぎなくなったと述べている（北田 [2002] 2011: 117）。

それにもかかわらず、広告都市としての固有性を失ったはずの渋谷は、いまなお特別な街であり続けている。セゾングループ崩壊後、渋谷は東急グループによって、いわゆる「百年に一度の再開発」が進んでいる。大久保遼が『これからのメディア論』のなかで詳しく跡づけているように、1980〜90年代はセゾン文化の影響下で、ファッション産業や音楽関連産業の集積地となったが、さらに1990年代末以降は、東急を中心とする渋谷駅周辺の再整備が呼び水となって、情報産業やクリエイティブ産業が集積している。「東急の顔」として1999年に開業した商業ビル「QFRONT」は、その変化を象徴しているといえるだろう。高透過ガラスでできた壁面全体を覆う透過スクリーンは、1990年代に量産された大型街頭ビジョンとは一線を画しており、現在からふり返れば、テレビよりもスマートフォンに近い構造にみえる（大久保 2023）。

さらに、2002年の日韓共催FIFAワールドカップを契機として、スクランブル交差点の周辺は、若者たちが集結して熱狂する場所として定着し、2010年代は**ハロウィン**の際に大群集が押し寄せるようになった。現在におけるハロウィンのイベントは、見知らぬ者同士で声を掛けあって撮影をし、SNSで写真や動画を公開することが主目的のひとつであり、現実空間と情報空間を横断した独特の身体感覚によって支えられている。南後由和は、スクランブル交差点に対する外国人観光客の関心が高いことなどもふまえ、その特権性が再び強化している現況を、渋谷の「再舞台化」と呼んでいる（三浦ほか 2016）。

第8章　広告都市の地層　91

第4節 | 見えない都市

建築家の磯崎新は 1963 年、「広告的建築のためのアドバータイジング」という文章のなかで、「現代都市のデザインを論じ、それに方法論的にアプローチしようとする場合、広告をとりのぞいてはまったく問題の的を外すことになる。広告の集積のなかに新しい都市空間のイメージは存在する」と論じた（磯崎 [1963]2017: 72）。さらに 1967 年には「見えない都市」という文章のなかで、情報産業や広告産業が都市の見えない 社 会 基 盤 を形成しつつあると見抜いた磯崎は、都市を建築（＝ハードウェア）の集合体ではなく、ハプニングやイベントなどの出来事（＝ソフトウェア）の集合体としてとらえた（磯崎 [1967] 2017）。当時、新宿でハプニング的な出来事が連鎖していくなかで、予定調和的な都市計画のあり方に違和感を抱いたのである。

こうした見方は、1970 ～ 80 年代の渋谷はもとより、現在の渋谷にあてはめてみる方が、より説得的かもしれない。というのも、渋谷の公共空間や商業施設では近年、AR などの先端技術を活用した広告展開が目立つ。2020 年代初頭には、新型コロナウイルスの感染拡大を契機にメタバースが注目を集めるなかで、渋谷区公認の配信プラットフォーム「バーチャル渋谷」で、さまざまなオンラインイベントが開催されていた。物理的な空間の制約をこえて、アプリが介在しなければ見えない都市が、無限に広がりつつある。

[関連書籍紹介]

大山顕監修・編, 2023,『モールの想像力──ショッピングモールはユートピアか』本の雑誌社. : 都市の脱舞台化は 2000 年代以降、画一的な郊外文化の浸透とともに論じられてきた。とりわけ、ショッピングモールがその象徴と見なされ、社会評論の対象として、あるいは社会学の研究テーマとして、さかんに分析されている。

近森高明・工藤保則編, 2013,『無印都市の社会学──どこにでもある日常空間をフィールドワークする』法律文化社. : 全国どこにでもある画一化した都市文化を、建築家レム・コールハースの「ジェネリック・シティ」という概念にならい、本書は「無印都市」と呼んでいる。

［引 用 文 献］

磯崎新，［1963］2017，「広告的建築のためのアドバータイジング」『空間へ』河出書房新社，66-77.

――――，［1967］2017，「見えない都市」『空間へ』河出書房新社，399-428.

北田暁大，［2002］2011，『増補 広告都市・東京――その誕生と死』筑摩書房.

三浦展・藤村龍至・南後由和，2016，『商業空間は何の夢を見たか―― 1960 ～ 2010 年代の都市と建築』平凡社.

大久保遼，2015，『映像のアルケオロジー――視覚理論・光学メディア・映像文化』青弓社.

――――，2023，『これからのメディア論』有斐閣.

内川芳美編，1976，『日本広告発達史 上』電通.

――――，1980，『日本広告発達史 下』電通.

上野千鶴子，1991，「イメージの市場――大衆社会の「神殿」とその危機」セゾングループ史編纂委員会『セゾンの発想――マーケットへの訴求』リブロポート，5-136.

吉見俊哉，［1987］2008，『都市のドラマトゥルギー――東京・盛り場の社会史』河出書房新社.

――――，［1992］2010，『博覧会の政治学――まなざしの近代』講談社.

吉澤商店幻燈部，1905，『幻燈器械及映画並ニ活動写真器械及付属品定価表』吉澤商店.

第 8 章　広告都市の地層　93

Chapter 9

芸術と共振する
ブランド・コミュニケーション

陳　海茵

　私たちは暮らしのなかで「ブランディング」、「PR」、「プロモーション」といった、広告と類似した意味をもつ言葉を耳にすることがある。これらには定義上の違いがあるものの、総じて企業や組織が「サービスや信念を社会に浸透させ、広く信頼を獲得するために行われるコミュニケーション」のバリエーションである。メディアの枠（テレビやウェブ媒体の広告欄や屋外看板など）を買い取ってメッセージを発信する手法とは異なり、企業や組織が消費者に対して好意的なイメージを創り上げたり、消費の欲望を喚起したりするためのコミュニケーションには、狭義の広告活動に収まらない多様な実践がみられる。

　本章の第 1 節では、多くの高級ブランドがこぞってアートとのコラボレーションを展開したり、芸術文化に投資したりする活動から多様なブランドコミュニケーションの具体像を紹介する。続く第 2 節では、企業が幅広いステークホルダーを巻き込んでアイデンティティを創り上げる活動としての PR 活動について理解する。第 3 節では、芸術や文化といった贅沢と思われるものを消費することの社会的意味について、第 4 節では、高度に成熟した資本主義社会におけるコミュニケーションとしての記号的消費のあり方について考えていきたい。

■ 第 1 節 ｜「ラグジュアリー」を創り上げる
　　　　　：芸術と共振するブランド戦略

　近年、多くの商業ブランドがみずからの美術展を続々と開催している。世界的ファッションブランドのディオールやイヴ・サン＝ローラン、老舗旅行用品ブランドのリモワ、スマートフォンメーカーのシャオミなど、名だたるブランドが美術館の場を借りて美術展を開催し、アートと商業を融合させる動きが活発化している。

たとえば、ルイ・ヴィトンは、2012年と2022年に日本を代表する現代アーティスト・草間彌生とコラボレーションして数々のコラボ商品を展開し、一連の広告キャンペーンでも話題を集めた。新宿のビルスクリーンから巨大な草間彌生が顔を覗かせ、身を乗り出してくる3D屋外広告はSNSで広く拡散された。水玉模様のカラーメイクを施したルイ・ヴィトンのブランドアンバサダーたちが印刷された新聞広告は、2022年11月、2023年1月に読売新聞紙をジャックし、第39回「読売広告大賞」グランプリに選出された。

　そして、ディオールは、パリに美術館を所有するだけでなく、公式YouTubeチャンネルで公開された動画では、約1時間にわたって美術館の裏側を紹介している。動画内では、職人が工房にて100年近く前にデザインされた洋服を丁寧に分析し修復していく過程を映し、「修復とは芸術作品を観察する特権的な作業」というセリフを添えている。美術館に収蔵されるディオールのコレクションは、単なる衣服を超えて、ブランドの職人たちの高い技術力と歴史的貴重性を備えた芸術作品であることを伝えている。

　このように、高級ブランドが美術の世界へと接近する背後には、どんな意図や戦略があるだろうか。ブランドによる消費者とのコミュニケーションの設計という観点から3つのポイントを説明していく。1つ目は、「丁寧かつ大胆なストーリーテリング」である。外部の広告枠を購入して広告をつくる時の制約と比べ、企業の意図に沿って緻密に設計された美術展は、物語を伝える際の自由度が高い。美術館内では、ブランドの商品がまるで美術品のように展示され、その1点1点がブランドの織りなす物語の一部を構成している。ブランド誕生の時代背景、インスピレーションの源流、創業者や職人のこだわり、商品が出来上がるまでの制作プロセス、未来へ継承したい理念などについて、膨大かつ一貫したメッセージが、来場者に向けて発信される。ブランドインスピレーションの源流について過剰なまでに語る展示の具体例として、イタリアの宝飾ブランド・カルティエが中国の広東郵政博物館で行った展覧会「Into the Wild」（会期：2023年4月20日～5月21日）がある。この展覧会では、ブランドを象徴する動物である豹の物語に焦点を当て、五感をフルに刺激するインスタレーションと没入型の体験を提供している。豹は、神秘的なネコ科の動物として1914年にカルティエの動物世界に登場し、「ラ・パンテール（フランス語で豹

を意味する)」とも呼ばれたカルティエ創業以来のミューズであるジャンヌ・トゥーサンの先駆的なリーダーシップのもと、ブランドのクラシックデザインの1つとなった。気高く、奔放で、俊敏な豹は、強さ、大胆不敵さ、独立心、自由な精神の代名詞である。その資質は時を経て進化し、カルティエの永遠のインスピレーションの源となり、今日もなお人気を博している。

　2つ目は、「特別な体験の提供」である。主流の広告メディア(ポスターやCM、ウェブバナーなど)と比べて、美術館での展示は、外部と遮断された完璧な世界観に実際の商品を配置し、消費者＝観客がそのなかを説明や誘導に沿って移動しながら鑑賞する。そのため、目の前にある商品は神聖性を帯びた〈本物〉の展示物に昇華し、観客はそれと至近距離で接するという特別な体験を獲得することができる。2022年から2023年にかけて東京都現代美術館で開催された「クリスチャン・ディオール、夢のクチュリエ」展を例にとれば、高さ約20メートルのそびえ建つ壁に、歴代のディオールの名作ドレスが展示されていたり、壁から天井まで視界一杯にディオールのバッグが配置されていたり、はたまた星空が映し出された煌びやかなイブニングガウンが飾られた部屋や、真っ白な部屋に真っ白なオートクチュールのトワルなどが披露された。空間の設計だけでなく、ディオールの歴史に残る名デザインを生み出した伝説的なデザイナーたちの作品は、まさに美術品と同じように一点物であり、美術館でしか本物に近づく体験ができない。

　3つ目は、「メディア取材によるパブリシティ効果」である。ブランドが主催する美術展は、一般公開に先立ってブランドアンバサダーを務める有名人らが実際に展覧会を訪れた。その様子を公式SNSやマスメディアが報じることで、情報が一斉に拡散される。美術界もまた、美術館が華々しいゲストたちで賑わう貴重なイベントをこぞって盛り上げることで、普段あまり美術館に足を運ばない新しい顧客層を取り込める機会を

図9-1 「クリスチャン・ディオール、夢のクチュリエ」展ポスター (Photo ©Yuriko Takagi)

最大限に利用する。

　たとえば、世界三大美術館の1つで、ニューヨークにあるメトロポリタン美術館では毎年「メットガラ（Met Gala）」と呼ばれるファッションの祭典が開かれ、さまざまなブランドの宝飾品やドレスが美術館内に展示される。このイベントの最大の目玉は、完全招待制で参加するセレブや有名人たちがその年のテーマに合わせた衣装を身につけ、美術館正面入り口の大階段に敷かれたレッドカーペットを歩くことである。2023年の「メットガラ（Met Gala）」を例にとれば、最初の2日間で、ファッション雑誌『VOGUE』の公式SNSチャンネルにはハッシュタグ #metgala から123億のインプレッションが集まり、前年比30％増加した（Schulz, 2023）。3年連続で実施された「メットガラ」のライブストリーミングは、『VOGUE』が刊行される世界10の都市とソーシャルプラットフォームで5300万ビューを記録した。「メットガラ」が本来は服飾研究所の活動資金を募るチャリティイベントであるにもかかわらず、著名人やファッションブランド、美術館、メディアが利益度外視でこぞって「メットガラ」を追い求める背後には、チャリティという博愛主義的な動機だけではなく、たった1回のイベント参加がもたらす大規模なメディア露出と世界的な話題性の獲得という商業的な戦略動機があるということも無視することはできない。

　本節では、ブランドがどのような方法で、どんなメリットのために美術の世界と接近するのかについて近年の具体例を使って解説してきた。次節では、商業活動としての広告の枠を超えて、企業が文化的活動を通して社会全体と関わるコミュニケーション（PR）について概説していく。

第2節　「私はだれなのか」を提示する　　　　ブランド・コミュニケーション

パブリック・リレーションズ（PR）とは、企業と消費者という二者間の関係にとどまらない、社会全体における企業の役割と責任に着目し、短期的な利潤追求よりも長期的な相互理解と相互利益を目指す活動であり、「最も広義にとらえれば、『組織体が社会とのよりよい関係性を構築し維持すること』である」（関谷ほか 2022: 5）。この言葉は、もともとは20世紀初頭のアメリカ大企業が、従業員たちで結成される労働組合からの交渉事や、欠陥商品や環境汚染問題な

どに関する世論からの批判の声に対応する危機管理のために用いられていた（岸ほか 2017: 10）。広告と PR は、どちらも企業によるコミュニケーションや情報発信に該当し、学問的にも実務的にも境界のあいまいさが拭えない。あえて両者の違いをあげるとすれば、広告は媒体企業に掲載料を支払って会社や商品・サービスを宣伝し、売上向上や顧客増加という具体目標を達成しようとするのに対し、PR は企業の外部だけでなく、身内や関係者（従業員、就活生、家族、地域住民など）からも「自分たちはだれなのか」を正しく認識してもらい、愛され、信頼されるつながりを構築することを目指す。一般的に短期的な利潤を追求する広告活動に対して、PR はより長期的な目線に立ち、より良いビジネス環境、より良い社会の実現を目指すものが多く含まれる。

　アメリカの企業 PR 史を研究する河炅珍（2017）によれば、企業による一般社会との関係構築活動のなかでも、とりわけ、「自分たちはだれなのか」という「企業自我＝アイデンティティ」の確立もまた PR 活動のなかで行われていた。たとえば、化粧品ブランドである資生堂は、1950 年代〜 1960 年代に PR 映画というものの制作を通じて、みずからの**ブランド・アイデンティティ**を確立していた。資生堂がつくる PR 映画のなかには、化粧を楽しむ女性主人公が「美の聖地」である大都会・銀座の街を颯爽と歩く姿が描かれ、資生堂の化粧品をまとった理想的な女性のライフスタイルが提示される。こうした「銀座＝都会的な美」をまとった女性は、やがて、「日本／東洋的な美」の象徴に昇華していき、時代の変化に流されることのない美しさを創り上げる資生堂というブランドのアイデンティティに収斂していく（河 2018）。

　さらに、資生堂には、芸術文化を専門的に支援する「企業文化部」という部門があり、資生堂ギャラリー、資生堂アートハウス、shiseido art egg 賞など芸術分野における多岐にわたった支援に取り組んでいる。ここでは、社員だけでなく、芸術家、株主、地域住民、マスメディアなど、化粧品の販売という枠には収まらない幅広い社会的ネットワークが構築され、企業の存在価値を社会全体との接点のなかに見出す姿がみられる。では、多様な取り組みによって構築・維持されたブランド・アイデンティティは、消費文化とどのように相互作用するだろうか。

第3節 | ブランド・アイデンティティと消費の文化的側面

　美術館、ギャラリー、コラボ商品、映画、地域支援、チャリティーイベント、公式 SNS チャンネルなど、企業がジャンルや業界の垣根を越えて多様なステークホルダー（利害関係者）を巻き込みながら行う PR 活動は、「企業自我＝アイデンティティの構築と維持」を目的とする側面があることを前節までに説明してきた。こうした実践は企業のブランド・アイデンティティとも結びついて、私たちが商品やサービスを選ぶ際の参考指標にもなる。青木（2003）によれば、「ブランドとは、他に代替のきかないオリジナルの〈固有名〉を持った存在である。したがって、商品がブランドになるということは、単なるモノを超えた商品存在の人間化・人格化であり、ブランドには、人間と同様のパーソナリティ、アイデンティティが存在する」という（青木 2003: 228）。広告もまた、ブランド・アイデンティティを構成するブランドの思想や精神をわかりやすい言葉やシンボルで表現し、価値を高めていくためのマーケティングツールの 1 つである。ここからは、広告や PR の根幹に位置づくブランド・アイデンティティの社会文化的役割について、消費社会の歴史的変遷に即しながら論じていきたい。

　食べる物や着る服に困らない豊かな社会において、私たちがモノやサービスを消費する動機は、必ずしも「必要」に迫られたからではない。私たちは、企業が PR 活動を通じて発信するブランドの思想や社会的使命に共感したり、世界観やイメージに憧れたり、仲間や見知らぬ他者に対してみずからの個性を表現する手段として消費活動をしている。こうした消費活動は個人の自由な選択にしたがって産出されたものと思えるが、実は消費社会というメカニズムに規定され再生産されたものでもある。（→第 14 章も参照）

　消費社会論の先駆者である T. ヴェブレンは『有閑階級の理論』（1899=1988）のなかで、富裕層や特権階級と呼ばれる人々が一見して必要ではない物に多大な資産と時間を投じることの社会的意味について分析した。「閑」とは「閑暇」であり、「有閑階級」とはすなわち労働する必要がなく「暇を持て余した階級」だと思ってもらえれば、話が早い。産業革命がもたらした経済発展の初期には、資産をもつ上流階級は生産労働から解放され、代わりに尊敬や名声の獲得

と「見せびらかし」のための消費行動が彼らの生活の重要な部分を占めていた。こうした消費行動は**顕示的消費**と呼ばれ、クラシック音楽や、美術・骨董品、馬術、哲学、ドレスコードなど、嗜むのに一定の金銭や時間、文化資本を投入しなければならないものの消費がこれに該当し、機能性やコスパを追求する消費の対極にある。こうした消費には、庶民階級に対する上流階級の卓越性を保持し、他者からの羨望を集めるという象徴的効用がある。そして身分による階級分化に裏打ちされた上昇志向の欲望の連鎖がラグジュアリーな消費をさらに加速させていく。

　ここまで読んだみなさんであれば、第1節で取り上げた事例——高級な衣服、化粧品、装飾品を売るブランドが芸術や美術館とのつながりを求める現象——の背後にある消費のメカニズムをもうおわかりだろう。一般的に小売店で販売される商品は、常に価格競争に晒され、コスパの良さやお買い得感で消費者を惹きつける。これに対して芸術品は、決して「必需品」ではないにもかかわらず、値下げされることがないばかりか、オークションで競って高値で落札される。通常の商品と違って、芸術品は人類の文明の叡智を体現し、複製できない希少性と卓越した技術力を備え、各国政府が国の威信をかけて収集・保護し、その地域を代表する「美の殿堂」に収めて保護される。こうした芸術品の**象徴的価値**は、芸術品の高い値段にも反映され、役に立つものでなくても高額な値段がつくことに説得力があるのもこのためである。したがって、ファッションや装飾品を扱うブランドのなかでも、とりわけハイファッションと呼ばれる高級ブランドが商品を芸術品さながらに展示したり、芸術品修復のような職人技巧をSNSで発信したりすることは、本来の広告が属する商業活動の範疇を超えて文化芸術の領域にそのブランドのアイデンティティを帰属させようとする取り組みである。こうした贅沢さや格式の高さはブランド・アイデンティティを構成する要素となり、羨望の眼差しを向けられるにふさわしいブランドの人格を体現していると考えることができる。

　その後、資本主義社会が成熟していくにつれて、階級や属性と紐づいた上流社会の消費ではなく、個人の「自分らしさ」を体現する大衆消費の時代がやってくる。企業や組織がマーケティング努力を通じてブランド・アイデンティティを築き上げていくのと同時に、私たち消費者はその受容の過程でブランド・

アイデンティティを自分自身と重ね合わせていき、個性を消費のなかに見出していくようになる。次節では、このような高度消費社会における記号的コミュニケーションとしての消費のあり方をみていこう。

■ 第4節│記号化されるブランドと「〈私〉探しゲーム」

　フランスの社会学者 J. ボードリヤールは、『消費社会の神話と構造』(1970=1979) において、高度に資本主義が進んだ 20 世紀の社会においては「コミュニケーション（言語行為）としての消費」が一般化していることを論じた。ここでは属性や階級に紐づく消費ではなく、個人と結びついた職業、趣味、ライフスタイルなどが記号となって特定の意味を生産し、私たちは消費活動を通じてその**記号的意味**をやりとりするようになっている。同じ高級品のなかでも意味が細分化され、「瑞瑞しく可愛らしいイメージの〇〇」、あるいは「知的で媚びない強さをもつイメージの△△」など、モノがもつ本来の機能よりもロゴがもつ記号イメージのほうが消費の目的となる。消費者は、作り上げられたブランド・アイデンティティに自分自身のアイデンティティを重ね合わせ、多種多様なブランドから発信されるメッセージのなかから各々の「個性」を選び、ブランドにみずからを代弁させるようになった。1981 年に発売されたベストセラー小説『なんとなく、クリスタル』は、まるで商品カタログのように実在のブランドや音楽、レストラン、街などの固有名称が登場し、登場人物のキャラクターが過剰なまでに記号化された消費活動によって説明されている。この小説で描かれる主人公の記号的消費の仕方は、1980 年代以降の高度消費社会を体現している。

　前近代的な共同体、および近代的な合理性や機能性から解放されたポスト近代社会において、企業は積極的に消費社会のメカニズムに入り込み、広告やPR を通じて無限に差別化可能なブランド・アイデンティティを作り、発信してきた（第2節）。では、同時代に生きる消費者は、消費活動によって主体的にみずからのアイデンティティを作り上げられる自律的な存在になったのだろうか。私たちは最先端の流行りものや、コスパの良いミニマムな暮らし、環境や人権に配慮したエシカルな買い物など、自分らしい消費活動によってその人ら

しさを表現できると思い、消費を通じて自己実現しようとしている。しかし、社会学者の上野千鶴子によれば、私たちは「個性」を他者との距離感や差異によって推し量るという終わりなき「〈私〉探しゲーム」を強制され、消費社会が差異化のメカニズムを続ける限り、私たちはそれに支配され主体性と自律性を失っていくという（上野 1987）。

第5節 | 拡張を続けるブランド・コミュニケーション

　本章では、狭義の広告には収まりきらない企業と消費者による多様なコミュニケーションのあり方について議論してきた。ブランド・コミュニケーションについては、企業が芸術品のもつ神聖性・真正性と同一化することで卓越したアイデンティティを確立しようとする実践をみてきた。消費者側については、消費するという活動そのものが身分や階級を顕示する手段となったり、個人の「その人らしさ」を理解したりするコミュニケーションの手段となってきたことがわかった。最後に指摘しておかねばならないのは、上記で紹介した企業と消費者のコミュニケーションは、どれもその時代特有の経済状況や政治社会状況が背景で作用しているということだ。刻一刻と変化し続ける世界経済や政治状況、社会の空気感などに呼応するように、企業と消費者、その両者によるコミュニケーションの仕方や意味づけがどのように変化していくのか、消費社会論やPRの意義について考えを深めていくことが求められる。

［関連書籍紹介］
貞包英之，2023，『消費社会を問いなおす』筑摩書房．：経済成長と経済低迷を経験して、私たちは消費文化をいかにとらえればよいのか。消費社会論の歴史的変遷から現在の多様化した消費の姿まで網羅的に学べる1冊。
川北眞紀子、薗部靖史，2022，『アートプレイスとパブリック・リレーションズ──芸術支援から何を得るのか』有斐閣．：資生堂、トヨタ、サントリー、ベネッセなど日本を代表する企業たちが、何の目的で美術館を作り、アートを支援する活動を長年続けてきたのか。アートを媒介とした広報活動の多様な事例と意義について考えるための1冊。

[引 用 文 献]

青木貞茂，2003，「ブランド広告の理論」，津金澤聡廣・佐藤卓己責任編集『広報・広告・プロパガンダ』ミネルヴァ書房，223-245.

Baudrillard, Jean, 1970, *La Société De Consommation: Ses Mythes, Ses Structures*, Gallimard, Denoel.（今村仁司・塚原史訳，1979，『消費社会の神話と構造』紀伊國屋書店.）

河炅珍，2017，『パブリック・リレーションズの歴史社会学——アメリカと日本における〈企業自我〉の構築』岩波書店.

————，2018，「資生堂 PR 映画における〈企業自我〉の表象」『東京大学大学院情報学環紀要 情報学研究』95: 1-28.

岸志津江・田中洋・嶋村和恵，2017，『現代広告論 第 3 版』有斐閣.

Schulz, Madeleine, 2023, "The 2023 Met Gala by the numbers," VOGUE BUSINESS,（最終閲覧 3 月 31 日，2024 年，https://www.voguebusiness.com/fashion/the-2023-met-gala-by-the-numbers）.

関谷直也・薗部靖史・北見幸一・伊吹勇亮・川北眞紀子編，2022，『広報・PR 論——パブリック・リレーションズの理論と実際〔改訂版〕』，有斐閣.

上野千鶴子，1987，『〈私〉探しゲーム：欲望私民社会論』，筑摩書房.

Veblen, Thortein, B,1899, *The Theory of The Leisure Class: An Economic Study in The Evolution of Institutions*, Macmillan.（高哲男訳，1998，『有閑階級の理論』筑摩書房.）

政治活動と広告

プロパガンダ・選挙マーケティング・主旋律コンテンツ

Chapter

10

陳 海茵

. . . .

　民主主義のもとで選挙が行われる国においては、広告は重要な選挙ツールであり、傑出したキャンペーン広告の影響力が国家のリーダーを誕生させることもある。実際、2020 年のアメリカ大統領選挙に使われた広告宣伝費は 15 億ドルに達し、2024 年はさらなる増加が予想されている。テレビ広告費だけをみても、民主党のバイデン前候補が約 5 億 8 千万ドル、共和党のトランプ候補が約 3 億 4 千万ドルを投じている。

　政治家が大衆を国家の方針に従わせるためにメディアを介してイデオロギーを発信することを、「政治宣伝」または「プロパガンダ」という。これらは、商業目的の広告とは異なるものの、不特定多数の受け手に特定の考え方を伝え、受け手の行動変容を促すという点で類似しており、私たちの日常生活と密接に関連するものである。本章では、①戦時中における戦争動員のための政治宣伝、②民主主義国家で選挙に勝つための広告、③社会主義国家における愛国思想のための政治宣伝、という 3 つの角度からグローバル社会における政治と広告の関係を紹介する。さまざまな時代や国家の政治指導者たちが世論を操作し、統治する際のツールとしても用いられる「政治宣伝」というコミュニケーションの多様性について考えてみよう。

. . . .

第 1 節 ┃ 戦時下における国策動員のための政治宣伝

　桃太郎、ディズニー、マグリット、西遊記、タカラジェンヌ……これらの著名な文化表現（者）は共通して、かつての世界大戦において大衆動員を目的とした政治宣伝に使われたことがある（図 10-1）。みなさんはこれを意外に思われるだろうか。なぜなら、これらの有名な文化・娯楽コンテンツは、企業の利益を追求する商業宣伝を意味する「広告」において一般的に明るくポジティブなイメージがあるのに対し、政治宣伝（＝プロパガンダ）は、しばしば「戦時下」

の国策動員や、恐ろしい大衆操作と言論弾圧という負のイメージがつきまとうからであろう。マス・コミュニケーションの効果に関する理論研究に沿って「宣伝」と「広告」の概念を区別するならば、「宣伝」は送り手の発信するメッセージが受け手を直接的に刺

図10-1 国策動員のために制作された『桃太郎 海の神兵』

激し、マスメディアの発信する情報が即座に大衆の心理や行動を意のままに操れるという**「皮下注射モデル」**に対応するコミュニケーション手法である。これに対し、「広告」は多様な意見をもち、情報を無視したり独自に読み替えたりする能動的な受け手を想定し、マスメディアの効果を懐疑的にとらえる**「限定効果モデル」**に対応するものである（佐藤 2003: 10）。とくに前者の「宣伝」は、情報の発信源を独占し、不服従者には制裁を加えて異分子を排除し、事実関係の客観的裏づけを欠くことなどを特徴にもつコミュニケーションで（佐藤 2003: 9）、国家の利益を最優先する戦時下においては為政者に都合がよく、戦後の私たち一般市民にとっては否定的なイメージとともに記憶されてきた。

　ここからは、第二次世界大戦下におけるナチスの政治宣伝（＝プロパガンダ）の具体的な手法についてみていこう。ドイツの大衆宣伝を分析した佐藤卓己（［1992］2014, 2003）によれば、ナチスの戦争宣伝については上述した「宣伝」の特徴にあるような独裁的、高圧的側面のみが注目されるが、むしろ徹底した消費者中心主義に立った商業広告的側面も見落としてはならない。ナチスを代表する「鉤十字」のシンボルマークは、解読に難しい政治思想や文化的教養を必要とせず、そのシンプルさゆえに多様な背景をもつ国民を統合し、指導者のスローガンのもとに政治への参加の感覚を抱かせることを可能にする。ナチスといってすぐに思い浮かべる歴史教科書的イメージ――茶褐色の突撃隊の力強い行進と軍歌、ハーケンクロイツの旗と腕章、大歓声のなかで演説するヒトラー、掌を高く掲げてハイル・ヒトラーと叫ぶ人々――は、映画監督レニ・リーフェンシュタールによって制作された映画『意志の勝利』（1934 年）において自作自演されたセルフ・イメージにすぎないことがわかっている（佐藤［1992］

第10章　政治活動と広告　105

2014: 423)。

政治宣伝というとナチスのイメージが強いが、ナチスより前に登場したドイツ社会民主党（SPD）も、祝祭的演説、新聞・雑誌という活字メディア、収入源としての商業広告と風刺画を活用して、社会主義的イデオロギーの拡大に努めてきた。1933年にドイツで政権を掌握したヒトラーは、戦争への民衆的動員と戦争中の士気の維持、そして民族主義のもとでの国民統合を目指し、ラジオと映画を利用した。当時は新しい音声メディアとして普及しつつあったラジオを政治宣伝に利用することは、対立政党のSPDも認識はしていたものの、宣伝は娯楽メディア（ラジオ・映画）よりも情報メディア（新聞・雑誌）を通して行われるべきというエリート意識が根強かったため、活字を読まず、熟議にも関心のない大衆を政治に巻き込むことにおいてはナチ党に敗北することとなった（佐藤［1992］2014）。

ナチスは、放送・出版・芸術を宣伝省のもとに支配管理させながらも、ジャズ音楽や娯楽映画など大衆に人気のある文化芸術を積極的に放送し、露骨なプロパガンダ色を最小限に抑えて大衆の政治参加に対するハードルを下げ、総力戦への熱量を上げていった（辻田 2015）。このように、ナチスの政治宣伝は、大衆の能動性を前提とした消費者中心主義をとっていたという点においては商業広告的であり、さらに国民に政治プロセスへの参加を実感させたという点においては民主主義的かつ公共的でもあった（佐藤 2003）。

最後に、日本の事例も少し紹介しておこう。石田（2003, 2015, 2023）は、戦時下の日本における戦争動員に用いられた女性／母親イメージの表象を研究した。そのなかで戦時中の婦人雑誌は「宣伝（プロパガンダ）」と「広告」という2つの機能を併せもつメディアだったと明らかにしている。つまり、婦人雑誌は、「もんぺや和服を着た良妻賢母」のイメージを誌面に取り上げ、戦地で戦う男性を支える理想的な女性像として広く国民に植えつける宣伝メディアとしての役割を果たした。戦況の悪化に伴って、贅沢は悪であるという国家的な要請がなされ、宣伝メディアとしての誌面からは贅沢な和装や化粧は消えていった。しかし、その頃から「地味で実用的な更生服（和服を洋装に仕立て直したもの）を着たおしゃれな女性」や、「贅沢ではないが健康的な化粧を施す美人」のイメージがあらたに登場し、節約が要求される時勢下でも個人の消費の欲望

を誌面上に作り出していくという、広告メディアとしての婦人雑誌は依然として機能していた（石田 2003, 2015）。

　次節以降では、メディア技術が発達した 2000 年代以降のアメリカ合衆国と中国を例に、政治的イデオロギーがまったく異なる国家において、政治と広告がどのように相互作用しあっているのかについてみていく。これを通して、私たちをとりまく政治的な関心事や国際社会をとりまくさまざまな言説や対立構造が、広告や政治宣伝とどのように関わっているのかを今一度立ち止まって考え、民主主義や社会主義といった政治制度を宣伝や広告という観点からとらえ直してみてほしい。

■ 第 2 節 │ アメリカにおける選挙運動のための広告

　アメリカや EU をはじめ、民主主義制度をもつ先進国では選挙運動とメディアは密接な関係を築いてきた。20 世紀までは新聞や雑誌を中心に政治家による政策論争が行われ、1920 年代からはラジオ演説、1950 年代からはテレビ CM が、国民有権者に支持を訴え世論を動かす重要な手段となった。メディア技術が発達した現代においても、議席の獲得、国内での支持層獲得、国際社会でのプレゼンス向上のために、さまざまなマーケティングや広告、ブランディングの技法が用いられてきた。たとえば、ヒラリー・クリントン氏陣営が 2008 年の選挙で放送したテレビ CM「It's 3:00 a.m.」では、子どもたちが寝静まった真夜中でも国際的な緊急事態に対応するヒラリー氏の責任感と意志の強さが伝えられた。また、同年の大統領選挙で勝利したバラク・オバマ陣営が制作したウェブ CM は、歌手ボブ・ディランの息子であるジェシー・ディランを製作に迎え、30 人以上の有名人が次々とオバマの演説の言葉を歌うミュージックビデオ形式のものだった。YouTube にはじめて投稿されたこの動画は瞬く間に拡散し、わずか数日で 2600 万回以上も再生された。

　アメリカの政治マーケティングの歴史と技術の変遷については平林紀子（2003, 2014）に詳しい。ここからは、氏の研究に依拠しながらアメリカの政治マーケティングにおける広告のあり方についてみていこう。アメリカでは、家庭にテレビが普及した 1950 年代から選挙のための組織的なマーケティング戦

略がとられ、有権者に対する市場調査、ターゲティング、候補者のブランディング、メディアの選択やメッセージ戦略が専門の PR 会社を中心に展開され、人々の投票行動に影響を与えるノウハウが蓄積されてきた。とくに、冷戦が終結した 1990 年代以降から、ライフスタイルや価値観の多様化、女性やエスニックマイノリティの労働人口に占める割合の増加、インターネットの登場による情報の民主化、といった社会状況の変化により、それまで州単位で区分されていた政治的支持基盤があいまいになった。こうした背景から、従来の大衆向けのマスメディア広告に加えて、選挙や政治のためのマーケティングに「**マイクロターゲティング**」という手法が導入され、SNS やウェブマーケティングなどのデータ分析に長けたコンサルティング会社も多く選挙に関与するようになった。

　マイクロターゲティングの特徴は、市場を細分化し、一人ひとりの嗜好と生活習慣に合わせてメディアを選定し、ピンポイントにカスタマイズされたメッセージ内容を訴求するという点にある。そうすることで、効率的に潜在的な支持者層を増やし、実際の政治意識や投票行動に影響をもたらすことができる。たとえば、選挙マーケティングの専門家チームは、個人のクレジットカードの利用履歴のデータベースをもとに、個人の趣味や接触メディア、飲食習慣、ペットや子どもの有無、休日の過ごし方などを分析し、自陣営に投票する可能性の高いセグメントを割り出してアプローチしていく（平林 2014: 73）。調査会社はさらに質的調査を通してライフスタイルに関する 2 択のアンケートを実施し、詳細な有権者データベースを作り上げる。たとえば、バーボンやビールを好み、大学フットボールの試合を観る人には共和党支持者が多く、ブランデーやコニャックを愛飲しプロフットボールの試合をよく観る人には民主党支持者が多いといったことが明らかになっている（平林 2014: 264-5）。また、SNS を用いたマイクロターゲティングでは、実験参加者本人の情報だけでなく、その交友関係データも同時に取得し、友人や職場のネットワークから説得しやすいターゲットを発見していくという手法もとられている。

　2016 年のアメリカ大統領選挙において、SNS の個人情報を不正に利用し、実際の投票結果に影響を及ぼした疑いで世界中から注目を集めた「ケンブリッジ・アナリティカ事件」がある。ケンブリッジ・アナリティカは、イギリスに

本社を置く政治データ分析の会社で、トランプ候補陣営に雇われて有権者のデータ分析を行っていた。同社は、ケンブリッジ大学の心理学者と協力して、Facebook 上で性格診断ができるアプリを開発した。当該のアプリをダウンロードした 27 万人分の性格診断の回答と Facebook の個人データが、選挙分析に使用されただけでなく、アプリユーザーと友達登録していた 5000 万人以上の Facebook 個人データも同時に流出した。ケンブリッジ・アナリティカ社の元従業員がイギリスの『インディペンデント』誌に明かした内容によれば、彼らは一定の属性にあてはまるユーザーを対象に、**フェイクニュース**をもとにした不安や恐怖を煽る広告を表示させたり、特定の政治勢力に有利になるような虚偽の動画やメッセージを Facebook フィードに表示させたりすることに個人データを使用していたという（Kaiser 2020）（→データ駆動型広告については第Ⅱ部第5 章、第Ⅲ部第 15 章も参照のこと）。真偽不透明な情報に基づいて扇動的な言論で人々の恐怖や不安を煽ることは、多様性の尊重や多文化共生を求める国家や社会に分断を容易に作り出し、社会を不安定化させてしまうため問題視されている（渡辺 2021）。

　なお、本事件の後 Facebook 社（現 Meta 社）は、学術研究を目的とした個人データの提供はあらかじめユーザー規約で同意を求めているとしつつも、今後は外部組織や企業がアプリを通じて個人データにアクセスすることを厳しく制限していくとの声明を発表した。

　ここまでに検討した選挙キャンペーンにおけるマイクロターゲティングの手法は、選挙で使用される多様なコミュニケーション手法のごく一部にすぎない。ほかにも、オンラインとオフラインの相乗効果を狙ったイベント開催、支持者同士が自由に交流できるウェブサイトを通じたファンコミュニティの強化、YouTube や SNS に対するファクトチェック体制の整備、一定のフォロワー数を有するインフルエンサーの起用など、商業広告の手法と切磋琢磨しながら選挙キャンペーンも日々進化を遂げている。

第 3 節 | 現代中国における愛国思想のための宣伝

ここからは、グローバル化によってメディア技術や文化・コンテンツ産業が

第 10 章　政治活動と広告　109

発達した現代の中国を例に、専制主義的な政権が国家統治の正当性を強化するために用いる政治宣伝（＝プロパガンダ）の技法と形態が、どのように発展し多様化しているのかについて説明していく。

　普通選挙が存在せず、報道や言論の自由が制限された社会において、愛国思想や指導者への忠誠心を国民に求めることは容易いように思われる。本章第1節でも紹介した戦時下の全体主義の統治は、共産主義国家においては平時でも継続して行われる。マルクス主義における政治宣伝の考え方にならい、中国では学校現場において愛国教育が徹底されるだけでなく、歌、映画、小説、演劇、絵画、インテリア雑貨など、文化芸術のあらゆる形式を借りて、大衆にわかりやすく党中央指導部の理念と方針が伝えられてきた。とりわけ、大衆娯楽として身近なテレビでは、「抗日ドラマ」や「建国ドラマ」といった「主旋律（＝愛国・愛党）コンテンツ」が多く放送され、国民民族感情と集合的記憶の醸成が目指された。しかし、1990年代からグローバル市場で人気を集める海外コンテンツの流入や人々の娯楽の多様化に伴い、従来の「主旋律コンテンツ」がもっていた堅苦しく説教じみたイメージ——教育的要素の強い歴史と戦争ドキュメンタリーやお馴染みの役者とストーリーで語られる革命英雄伝など——は、若者を中心に視聴者離れを引き起こしていた。

　こうした状況が変化したのは、2015年の映画『戦狼』の大ヒットである。これ以降、ドラマでも映画でも多額な製作費と高度な技術が投じられた娯楽性の高い良質な「主旋律コンテンツ」が多く制作され、商業性とプロパガンダ性を兼ね備えた「主旋律コンテンツ」市場の新時代が幕を開けた。その具体的な特徴としては、まずジャンルやテーマの多様化があげられる。従来は戦争、歴史、人物伝がほとんどだったが、近年は災害救助、農村の脱貧困、若者の起業、恋愛と家族、犯罪捜査、スポーツ競技、宇宙探索、国際紛争など、身近な社会問題やニュースで見聞きする国際課題を含んだ多様なテーマとジャンルの作品が作られるようになった。これに加えて、グローバルなヒット作品に共通する基本要素でもある、CGやVFX技術を用いた派手な視覚効果、リアリティのある人物描写、スピーディーな物語展開が意識された作品が増加した。たとえば、元警察官の主人公が発展途上国で謎のテロ組織と戦い、民間人を保護するストーリーを描いた映画『戦狼2』では、水中での格闘や車での追撃など

緊迫感あふれるアクションシーンが印象的だ（図10-2）。そして映画の最後では、中国人民解放軍の艦隊が救世主的に登場し、「中国パスポート保持者であれば、世界のどこへ行っても力強い祖国があなたを護る」というメッセージがスクリーンに映し出された。いっぽう、貧しい農村でうだつのあがらない村幹部を務める主人公が、周囲の人々を巻き込みながら故郷を経済的に発展させるストーリーを描いたドラマ『山海情』では、個性豊かな登場人物の苦悩と対立、挫折を描きつつも、最終的には家族愛と故郷愛のもとに一致団結するという心揺さぶるシーン

図10-2　『戦狼』の日本語版映画ポスター

が好評を集めた。ここでも、中国共産党の核心的価値観である相互扶助と団結の思想が反映されている。

　2015年、「主旋律コンテンツ」に区分される映画の公開本数は11作品だったが、2021年には45作品に増え、テレビドラマも2021年は46作品が放送され、2020年より15作品増加した。その躍進は興行収入にも反映され、中国国内の「主旋律映画」の総興行収入は2012年の5.75億元から2021年には114億元と20倍以上になり、映画全体の興行収入に占める割合も3％から20％に増えた。

　商業的成功は民間資本による投資をさらに拡大させ、スクリーンの外でのプロモーション活動なども大々的に展開されるようになった。たとえば、SNSのハッシュタグを利用して視聴者みずからが「私の故郷愛」や「私と祖国愛」などを投稿するといった、視聴者参加型の双方向アクションもドラマの放送を盛り上げた。

　「主旋律コンテンツ」が中国では娯楽を超えて政治宣伝としても効果を発揮する理由は、一般視聴者が感情移入しやすい主人公の目線と成長ストーリーを通じて、中国共産党指導部の打ち出す政策方針が人々の自己実現と暮らしの向

第10章　政治活動と広告　　111

上を後押しし、災害や困難にともに立ち向かう「素晴らしい指導者」のイメージをくり返し伝えているからである。

第4節 より身近なプロパガンダと選挙広告を考えるために

　本章では、戦時下のナチスドイツと日本、2000年代以降のアメリカと中国という時代状況も政治体制も異なる国家と社会において、政治指導者や政党が政治宣伝と政治マーケティングをどのように実施してきたのかについて概観してきた。たとえ政治的イデオロギーが正反対であっても、世界の政治指導者や選挙候補者たちは「政治宣伝」に関しては驚くほど似通っているのではないだろうか。すなわち、国民・国家を代表することの正当性や、それに協力する国民の義務や忠誠心をより効果的に説得するために、彼らは有権者や国民の情報行動や嗜好を精緻に分析し、より接触しやすいメディアを選択し、より熱中しやすいコンテンツを通じて「政治宣伝」を行っているということだ。その過程で、みずからの主張や正義で受け手を説き伏せるのではなく、民間の資本や一般市民が主体的に政治に協力し、行動や言論の熱狂が生み出されるようなコミュニケーションが「好ましいプロパガンダ」として目指されている。現代の経済世界ではマーケティングやアルゴリズムといった技術・技法に駆動された商業広告が消費者の生活の隅々に浸透しているが、これと同じように、政治の世界でも「政治宣伝」はさまざまな形態と手法を進化させながら常に私たちと関わろうとしているのである。

［関連書籍紹介］
津金澤聡廣・佐藤卓己責任編集，2003，『広報・広告・プロパガンダ』ミネルヴァ書房. ：本章で紹介した事例が収録されている佐藤論文（プロパガンダ）と石田論文（婦人雑誌）のほかにも、本書のテーマ関心全体と重なるような論文が多数収録されている。

［引 用 文 献］
石田あゆう，2003，「広告メディアとしての戦時期婦人雑誌——『主婦之友』の流行案内を中心に」津金澤聡廣・佐藤卓己責任編集『広報・広告・プロパガンダ』ミネルヴァ書房，200-222.
——，2015，『戦時婦人雑誌の広告メディア論』青弓社.

―――，2023，「戦時動員と雑誌広告のメディア論――婦人雑誌と戦争協力」北田暁大・東園子編『岩波講座 社会学 第 12 巻 文化・メディア』岩波書店，95-114.

Kaiser, Brittany, 2020, "I blew the whistle on Cambridge Analytica – four years later, Facebook still hasn't learnt its lesson." INDEPENDENT, (Retrieved March 30, 2024, https://www.independent.co.uk/voices/us-election-trump-cambridge-analytica-facebook-fake-news-brexit-vote-leave-a9304421.html).

佐藤卓己，[1992]2014，『増補 大衆宣伝の神話――マルクスからヒトラーへのメディア史』筑摩書房.

―――，2003，「『プロパガンダ』の世紀と広報学の射程――ファシスト的公共性とナチ広報」津金澤聡廣・佐藤卓己責任編集『広報・広告・プロパガンダ』ミネルヴァ書房，2-27.

辻田真佐憲，2015，『たのしいプロパガンダ』イーストプレス.

平林紀子，2003，「現代政治キャンペーンの理論と技法」津金澤聡廣・佐藤卓己責任編集『広報・広告・プロパガンダ』ミネルヴァ書房，31-55.

―――，2014，『マーケティング・デモクラシー――世論と向き合う現代米国政治の戦略技術』春風社.

渡辺将人，2021，「アメリカにおけるソーシャルメディアの選挙利用――民主主義の危機と弊害の抑制」公益財団法人電気通信普及財団 研究調査助成報告書，36: 1-7.

アイドルファンと応援広告

公的空間における私的な会話

陳 怡禎

・・・・・・・・・・・・・・・・・・・・・

　2019年冬のある夜、乗降客が絶えず行き来する渋谷駅のなか、ただ人混みに流され、まわりの景色に目を配る余裕もなかった筆者の目に、ある光景が偶然に入ってきた。それは、決して広くない駅通路の両側に連ねて掲出されていた広告の前で、複数の若い女性グループがそれぞれ異なるポスターの前に陣取って、楽しそうに撮影していた様子だった。

　この広告は通常の企業広告と異なり、ファンが「アイドルへの愛情や応援」を表現するため、お金を出しあって制作するものである。このような種類の広告は、ファン対象への「応援」を最大の目的としているため、「応援広告」と呼ばれ、2020年代以降に一種の「推し活」としてファンの間に浸透しつつある。本章ではこのような「応援広告」について考察し、ファン同士はいかに応援広告を通してコミュニケーションを行っているのかを検討する。

・・・・・・・・・・・・・・・・・・・・・

■ 第1節 ｜ コミュニケーション空間としての「応援広告」

　女性たちがカメラに収めようしていた広告は、アイドルオーディション番組『PRODUCE 101 JAPAN』に登場した参加者（練習生）のアーティスト写真が大々的に掲載されていたポスターであった（図11-1）。この番組で勝ち残った参加者は、のちに「JO1」というアイドルグループを結成し、デビューを果たしたが、筆者はテレビでこのグループを見かけるたびに、前述した渋谷での光景を思い出している。今思えば、それは筆者とファンが制作した「応援広告」との最初の出会いだった。

　さまざまな若者向けのマーケティング施策が充満している渋谷という都市空間には、消費者の購買欲を掻き立てるべく、さまざまな広告が常に共在し、消

費者の「視線」を奪いあっている。また、一種の「推し活」として、目当ての芸能人が登場する商業広告を自分のカメラに収めたいファンがあちこち駆け回る光景も、渋谷ではもはや珍しいことではない。

にもかかわらず、筆者は、本章を執筆している2024年の現在でも、前述した光景を鮮明に覚えている。

図11-1　2019年12月に渋谷駅構内に掲載された応援広告（筆者撮影）

なぜなら、掲載場所（駅通路）にしても、掲載意図（番組や登場アーティストの宣伝）にしても、筆者が見たポスターは、たしかに「情報伝達」や「何かを売り出そうとすること」を目的とする「広告」であるものの、通常の商業広告とはまた一味違って見えたからである。

その違いとは何か。通常、広告といえば、企業などの広告主が自社商品やアーティストの価値を広く消費者に伝達するために行うコミュニケーション活動である。その定義に従えば、本来ファンは消費者として広告主企業の発するメッセージを受け取る受動的な存在でしかなかった。これに対して、「応援広告」は、受け手側と位置づけられてきたファンが送り手となって、広告される対象であるアーティストの魅力を発信している。そのなかで、ファンが"推し"の価値を生成し、またそうした価値や魅力をファン同士で交換し、共有している。

安藤（2021）によれば、「広告」は情報を一方向的に伝達するだけでなく、送り手と受け手が広告を通じて「会話」し、より自然なかたちで共感が作られていくという合意志向的なコミュニケーションでもある。ファンによって制作される「応援広告」の場合も、"推し"の魅力をファン以外の人々に向けて伝えるという外向きのコミュニケーション（いわゆる「布教活動」）が行われる一方で、ファン同士のコミュニティ内部の交流と団結を促し、ファン同士が内輪で盛り上がるという内向きのコミュニケーションも行われている。ファンたちは広告という制作物を通じて、"推し"の価値を自分たちの手で創出するだけでなく、ファン同士のコミュニティ内部に向けて主体的にさまざまなメッセージ

第11章　アイドルファンと応援広告　115

を送りあっている。その結果、オーディション番組名さえ知らなかった筆者は、はじめて前述した応援広告を目にした際に「その広告は、自分に向けられた呼びかけではない」と疎外感を抱いた。つまり、本来、広告の受け手という立ち位置に立つファンが送り手となって制作に携わる「応援広告」は、むしろ「外部」であるファン／視聴者ではない人々とのコミュニケーションを遮断し、「ファンコミュニティ内部の結束やコミュニケーション」を促す機能が強く働いていると考えられる。

　本章では、ファン研究の視点から、こうしたファン対象（いわゆる"推し"）を消費し楽しむ「ファン」が、いかに広告を生産するという立場を"奪取"し、ファンコミュニティの可視化や価値付与を図っているのか、さらに、ファン同士の**内向的コミュニケーション**を強化していくのかを主題的に検討する。

■ 第2節 ｜ 「プロシューマー」としてのファン

　1980年代後半よりオーディエンス研究から発展したファン研究では、初期からファンを単なるテクストを受容し消費することにとどまる存在としてとらえておらず、「アクティブなオーディエンス」として見なしてきた。たとえば、H. ジェンキンズ（1992）は、『Textual Poachers（テクストの密猟者たち）』において、ファンが主体的にテクストを解釈し、多様な読みを生み出し、さらに解釈共同体（interpretive community）を形成することを通して、テクストを「変形」させ、さらにそのテクストの生産に関わる権力による支配を回避しようとする、と議論している。

　ファンの集い、ファンによる同人誌などで現れていたファンによる創造や生産は、インターネットが急速的に普及するようになった2000年代頃以降に、さらに可視化されるようになった。そのため、デジタル時代におけるファン実践に関する議論の多くは、ファンがファン対象を消費しながら生産をしているという側面に注目している。なかでも、ジェンキンズ（2006=2021）は「**コンヴァージェンス・カルチャー**」という概念を提示し、メディアコンテンツが多数のメディアプラットフォームにわたって流通している環境のなかに、オーディエンスが、「自分の求めるエンターテインメント体験を求めてほとんどどこに

でも渡り歩くこと」（2006＝2021: 501）について議論している。この概念において、メディアの展開が大きな変化をみせているなか、オーディエンス／ファンのメディアへの関わり方が一変し、「消費者（コンシューマー）」として受動的にメディアコンテンツを消費するだけではなく、「生産者（プロデューサー）」として能動的にメディアコンテンツの制作に参加するようになり、コンシューマーとプロデューサー両方の特質を兼ね備えた「**プロシューマー**」という立場に立っているという点が指摘されている。

　日本でも、たとえば、海外ドラマやアニメなどのコンテンツを愛好するファンが自主的かつ無償で現地の言語で翻訳字幕をつける行為を指す「ファンサブ fan subtitling」（岡部 2014）や、ファンによるソーシャルメディア上での再生回数などの"数字"の創出（大尾・陳 2021）など、「プロシューマー」としてのファンによる能動的な実践に関する議論の蓄積は多い。こうしたファン実践の特徴の1つは、ファンは、ファン対象を取り巻く制作側からの指示ではなく、ただ自身のファン対象に対する愛情や情熱に基づき行動することである。すなわち、まさにジェンキンズが指摘している「コンヴァージェンス・カルチャー」の特徴の1つのように、「自分の求めるエンターテインメント体験を求める」ゆえに、ファンはさまざまな「生産／創造」に励んでいると考えられる。本章が注目する、消費者であるアイドルファン・コミュニティが主体となって生み出す「応援広告」もその一例だといえるだろう。

　こうしたファンのファン対象に対する情熱や自身のための楽しみに基づくファン実践は、ファンの無償労働（Fan labour）としてマーケティングに取り込まれる側面もたびたび議論され（Baym & Burnett 2009 など）、ファンと産業側との間の複雑な力関係や利益関係に焦点が当てられている。本章が注目する「応援広告」を例としてみても、こうしたファンと産業側との関係性も垣間見える。

　この複雑な力関係を明らかにするため、本章の冒頭にふれたアイドルオーディション番組に登場した練習生への「応援広告」はどのようにして作り出されていたのかみてみよう。オーディション番組の公式サイトでは、番組のロゴや公式サイトに掲載されているアーティスト写真は、「応援素材」と名づけられ、ファンによる応援目的での利用が許可されている。ファンへの応援に関する注意事項によれば、応援素材の利用期間は番組終了時までと決められている

第11章　アイドルファンと応援広告　117

一方で、利用範囲に関しては、非営利という大前提のもとでとくに制限されていないという。本章の冒頭で紹介したような公共の場所で掲出される「応援広告」でも、番組側は過度に介入せず、事前報告のみを求め、ファンの自己責任のもとで自由に広告展開を実施させていたものであった。つまり、送り手である番組制作者は、番組を盛り上げたり、それまで無名だった練習生の知名度を上げたりするために、時間や金銭などのコストをかけて広告を制作する"責任"の一部を、「応援素材」とともに、受け手であるオーディエンス／ファンにそのまま渡しているといえる。

しかしながら、これはただ「能動的に"生産"に関わろうとしているファンが無意識的にオーディション番組に搾取されてしまう」ことを意味しているのではない。たとえば、ファンはメディアが期待している通りに動かず、むしろメディアの期待や予想を裏切るような行動に出ると、H.ジェンキンズ（2006=2021）は論じている。このように、ファンと産業側との間では、時に対立したり時に共犯／共益関係を構築したり、常に複雑なパワーバランスが保たれていることも、前述したジェンキンズを含め、多くの研究者に指摘されている（Fiske 1992; Jenkins 2006=2021 など）。ファンによる生産は、少なからず産業側に一定の経済的利潤をもたらすのはたしかなことである一方で、大尾と陳（2021）が主張しているように、ファンがさまざまな生産を通して創出した"価値"のなかには、産業側に収奪されないものもあるという一面も無視できないだろう。つまり、ファンは「プロシューマー」という立場から、能動的に何かを生産し、またそこから"価値"を共有したり交換したりし続けている際に、産業側に利益をもたらすと同時に、ファンとしての快楽や「自己効力感」（大尾・陳 2021）を得ている。すなわち、ファンが生成し共有している"価値"には、単なるファン対象の"商品"としての価値だけではなく、ファン自身の価値も含まれているといえる。

■ 第3節 │ ファンコミュニティの可視化と価値創出

ここまでは、ファン研究の動向をふまえた上で、ファンは能動的に「生産／創造」することを通して、ファン対象の"商品"としての価値、そしてファン

自身の価値という２つの"価値"を生成し共有していると論じてきた。こうしたファンによって創出された"価値"とは何かを明らかにするため、まず、本章でとりわけ注目するアイドルオーディション番組のファンは、いかに能動的に「応援広告」を含むさまざまな応援活動を行っていたのかをみてみよう。オーディション番組に出演した練習生は、番組のなかで「デビューしてアイドルになる」ことを目指しさまざまなミッションに挑んでいる一方で、番組の視聴者／ファンは、「国民プロデューサー」と名づけられ、「投票」を通じてオーディションの結果を左右する権力が付与されている。

　ファンは、ただ練習生の間の熾烈な競争を俯瞰するのではなく、番組に擬似参加し、みずからの"推し"の目標を自身のものとして、「("推し"が)デビューしてアイドルになる」ことを目指すようになり、毎日欠かさず投票を行ったり、あらゆる社会関係資本を用いて家族や友人に協力してもらい票を集めたりするなど、さまざまな応援活動に励んでいた。

　さらに、ファンは、公的な場においても応援広告の制作や掲出を通して、「応援」を可視化させようとしていた。なぜ、ファンたちは広告を通して、ファン対象に向ける愛情やそれゆえの「応援」を可視化させ、「広(く)告(知)」しようとしていたのか。それは、本節の冒頭でもふれたように、ファンは応援広告を通して、①(「広告」としての本来の目的である)ファン対象の価値向上や②ファンコミュニティの価値向上といった２つの目的を達成しようとするからだといえる。

　まず、１つ目の「ファン対象の価値向上」という応援広告の意図について確認しよう。応援広告に特化した広告会社「ジェイアール東日本企画jeki応援広告事務局(Cheering AD／チアリングアド)」が2022年から2023年にかけて実施した調査によれば、応援広告を実施したファンのうち、約４割が「自分の推しを多くの人に知ってもらいたい」を動機としてあげている。

　図11-1の内容をみても、番組の制作側からもらった「応援素材」を用いて自由に広告内容を考案したファンは、「○○サポート委員会」と名乗り、"推し"のアーティスト写真とともに、"推し"の紹介(主題歌の初代センター)や「応援よろしくお願いします」の文言を入れていたことから、ファンは、みずからの"推し"により多くの注目や投票などの応援を集めるために応援広告を

実施したことがわかるだろう。つまり、「〇〇サポート委員会」という応援広告に携わるファン同士からなるファンコミュニティは、"推し"の紹介や応援（投票）の呼びかけを目的とする応援広告を通して、本来、みずからの"推し"を知らない（または応援していない）層であるコミュニティ外部とのコミュニケーションを果たそうとし、みずからの"推し"にアイドルとしての価値を付与しようとしている戦略性が観察されるだろう。

　以上のように、ファンはこうして応援広告を通して、ファンコミュニティ外部とのコミュニケーションを達成させ、外部を取り込む側面が明らかになった。しかしながら、ファンにとって、それは最大の目的ではなく、あくまでも一種の付加価値としてとらえていると考えられる。ファンがより重視するのは、みずからの「応援」はいかにみられているのか、ということだろう。次に、ファンが広告を通して、みずからの「応援」を可視化させ、ファンコミュニティとしての価値向上も図っている点を検討していく。

　たとえば、図11-2は別のオーディション参加者への応援広告である。図11-1と同様に、広告の下部に、日本のメディアプラットフォームで放送されているオーディション番組にもかかわらず、国境をこえる複数のファンコミュニティの組織名が掲載されているのを確認できる。ファンコミュニティの組織名だけでなく、異なるソーシャルメディアプラットフォームで開設されたそれぞれのファンコミュニティのアカウントもあわせて記載されていることから、国家、民族、社会背景、さらに利用するメディアプラットフォームまで異なる複数のファンコミュニティは、こうして共同的に応援広告を実施することによって、自身が属するコミュニティの可視化を果たそうとすることがわかる。また、それと同時に、複数のファンコミュニティは広告の紙面上に互いの存在を確かめあい、「〇〇アイドルのファン」という共同性を強化していくといえる。

　さらにいえば、ファン対象への愛情や「応援」を可視化させるため、

図11-2　2019年12月に渋谷駅構内に掲載された応援広告（筆者撮影）

国境やメディアプラットフォームなどのさまざまな障壁を乗り越えて連携したファンコミュニティは、こうして広告を制作し出稿することを実現させたことを通して、大尾と陳 (2021) が指摘している「自己効力感」を得ていたと考えられる。それらのファンコミュニティは、こうして自身にファンとしての価値を付与する作業をくり広げていくといえる。

第4節 | 外向的コミュニケーションなのか、内向的コミュニケーションなのか

前節では、応援広告を共同製作した複数のファンやコミュニティは、「応援広告」というメディアを用いて、ファン同士の間の会話的関係性を構築したことについて注目した。さらに興味深いのは、こうした応援広告は、「ファン―ファン」のみならず、「ファン―アイドル」のコミュニケーション空間にもなっている点である。

図 11-2 の広告には、英語の「Always be with you」、韓国語の「언제나 응원합다! (訳：いつも応援する！)」や日本語の「花道だけ歩こう」など多言語のメッセージが羅列しているが、それらのメッセージは、明らかに駅の通行人や番組の視聴者やほかのファン（さらにいえば、同じコミュニティに所属しているほかのファン）に向けるものではなく、アイドル本人に向けるものだった。本来、ファンはアイドルに応援する気持ちを伝えるのに、本人に手紙を送ったり、SNS上でアイドルにダイレクトメッセージを送るなどさまざまな方法があるはずである。しかしながら、ファンはアイドルとの一対一のコミュニケーションではなく、"あえて"不特定多数の人でもみられる公的場に掲出される「応援広告」を用いながら、アイドルに向けて私的コミュニケーションをとろうとしていることがうかがわれる。

J. フィスク (1992) は、P. ブルデューによって提唱された「文化資本」概念を用い、ブルデューの議論のなかで見落とされたファンダム内部の文化経済について分析を行っている際に、ファンはみずからのテクストをファンコミュニティの外部に向けて流通させようとしないため、ファンによる生産は、ブロードキャストではなくナローキャストであると指摘している。フィスクによるこうしたファン文化の特徴は、本章で検討してきた「応援広告」で観察されると

いえる。すなわち、図11-2の例からもわかるように、ファンが生産した応援広告は、ファンコミュニティ外部に向けるのものではなく、アイドルに贈る「応援を伝えるギフト」となっており、アイドルやそのファンコミュニティ内部のみで完結するコミュニケーション行為だと考えられる。さらに、ファンはこうした**内向的コミュニケーション**を用いて、送り手とその外部とのつながりを作ることを目的とする「広告」そのものの本来の意味を変形させ、「広告」にあらたな意味を付与したのである。

これまで論じてきたように、本章は、日本のアイドルファン文化において浸透しつつあった「応援広告」に注目し、ファンがアイドルを個人的に楽しんで消費するだけでなく、「プロシューマー」として「広告」というテクストを生産しているファン活動を事例として取り上げた。

そこで本章はとりわけ、ファンは一種のコミュニケーション活動である応援広告の生産を通して、誰とどのようなコミュニケーションを行っているのか、またどのような価値を生成して交換しているのかに焦点を当て考察を進めた。その結果、ファンが主体となって生産する「応援広告」は、単なる「送り手とその外部との間でのコミュニケーション」を促進することを単一な目的とせず、ファン対象を含むファンコミュニティ内部の"会話"に重きを置いていることがわかった。ファンたちは、「アイドルを押し上げる（＝アイドルの価値向上）」ファンとして自身の価値を実感しながら、こうした内向的コミュニケーションを通して、ファン同士のつながりを強化していき、ファンコミュニティに価値を付与していくのだ。

［関連書籍紹介］
陳怡禎, 2014, 『台湾ジャニーズファン研究』青弓社. ：台湾のジャニーズファンへのインタビューを通して、アイドルを介した女性同士の親密圏の形成や「カップリングゲーム」などファン同士の能動的な消費行動を分析した1冊。
田島悠来編, 2022, 『アイドル・スタディーズ──研究のための視点、問い、方法』明石書店. ：「アイドル文化」という現代社会の一面を反映した文化現象を学問的に観察し分析するための手引書。アイドルやファン文化をテーマとする卒業論文研究のはじめの一歩としても参考にしやすい。

［引 用 文 献］

安藤真澄, 2021, 『広告コミュニケーションの本質とは何か——「広告社会学」の試み』ミネルヴァ書房.

Baym, Nancy K. and Burnett, Robert, 2009, Amateur Experts: International Fan Labor in Swedish Independent Music. *International Journal of Cultural Studies*. 12(5): 433–449.

Fiske, John, 1992, "The Cultural Economy of Fandom," Lewis, Lisa A. (ed.), *The Adoring Audience: Fan Culture and Popular Media*, Routledge, 30–49.

Jenkins, Henry, 1992, *Textual Poachers: Television Fans & Participatory Culture*, Routledge.

————, 2006, *Convergence Culture: Where Old and New Media Collide*, NYU Press.（渡部宏樹・北村紗衣・阿部康人, 2021, 『コンヴァージェンス・カルチャー——ファンとメディアがつくる参加型文化』晶文社.）

大尾侑子・陳怡禎, 2021, 「〈貢献〉するファンダム——デジタル空間における日本／台湾アイドルファンの実践を事例に」『ソシオロゴス』45: 158–175.

岡部大介, 2014, 「日米のファンコミュニティにおける野火的なコンテンツ消費のエスノグラフィ」『電気通信普及財団 研究調査報告書』29: 1–7.

PART IV

これまでとこれからの広告

　第Ⅳ部では、ここまでみてきた広告コミュニケーションの多様な姿を、より俯瞰的・抽象的な視野からとらえる。第12章「日本の広告産業の歴史」では、広告企業の役割の変化を立脚点にして広告を取り巻くメディア環境が辿ってきた変化を整理し、今日の広告が置かれている状況をよりよくとらえるために現代の広告ビジネスを歴史的な流れのなかに位置づけている。第13章「広告制作者と広告批評」では、広告制作者が自身の仕事についてどのようにとらえているかを分析し、その上で広告を批評することの役割を論じている。第14章「広告についての社会学的思考」では、広告の変化に伴って発展してきた、広告への社会学的思考の変遷を整理している。そして第15章「広告文化と倫理」では、広告の内容の真偽、表現の善悪、そしてこれらの根底にある構造的・文化的問題をふまえて、よりよい社会へと向かうために、私たちが広告とどのようにつきあっていくべきかを考察している。

日本の広告産業の歴史

広告企業の呼称と機能の変遷

宮﨑　悠二

・・・・・・・・・・・・・・・・・・・

　本書を読まれているあなたは、電通や博報堂といった会社をご存知だろうか。2020年東京オリンピック・パラリンピックでの談合事件の報道で会社名を耳にした方も多いだろう。それでは、電通や博報堂はニュースでどんな呼称（「自動車メーカー」や「IT企業」といったような呼び方）で呼ばれていたか、思い出せるだろうか。あるいはあなたなら、電通や博報堂のような会社を、何と総称するだろう。「広告会社」か「広告代理店」といったところだろうか。会社の呼び方というささいなポイントにみえるが、こうした呼称は、その企業の役割を象徴するものとして時代とともに変遷してきたし、現在、広告企業はまたあらたなアイデンティティと呼称を模索している。

・・・・・・・・・・・・・・・・・・・

■ 第1節 │ 広告産業と広告企業

　広告産業は、広告主、広告媒体（メディア）、広告企業の三者から成る産業である。商品やサービスの宣伝をしたい広告主（いわゆるスポンサー、クライアント）と、その広告主に対して広告枠を販売したいテレビや新聞のような広告媒体（メディア企業）、そして、その両者の仲立ちをしつつ、広告の制作機能も有する広告企業、以上の三者関係にあるというのが基本的な構図だ。

　本章ではこのうちとくに広告企業の呼称と機能を立脚点として広告産業の変遷をみていく。図12-1に示される呼称、機能、媒体の入れ替わりは、その象徴的・特徴的な部分の推移を表している。ただし、たとえば広告企業の呼称として現在でも「広告代理店」の呼び名が一般に通用することがあるように、厳密に通称と一致するものではなく、あくまで各時期の特徴的な広告企業の立ち位置を表現するものである。これ以外の項目も同様に、機能や媒体の完全な入

	広告企業の 象徴的な呼称	広告企業の 特徴的な機能	主要な 広告媒体
1880年代	広告取次業、「広告屋」	スペースブローカー	新聞
1890年代			
1900年代			
1910年代			
1920年代			
1930年代	広告代理業		
1940年代			
1950年代			
1960年代	広告代理店	マーケティング、クリエイティブ	テレビ
1970年代			
1980年代	広告会社	コミュニケーションデザイン	（多メディア化）
1990年代			
2000年代			
2010年代	事業開発パートナー	コンサルティング	インターネット
2020年代			

図12-1 日本の広告企業の呼称と機能の変遷（山本（1984）、大広編（1994）、電通100年史編集委員会編（2001）、博報堂編（2015）、妹尾（2015）、湯淺（2020）、河島（2021）をもとに筆者作成）

れ替わりを示したものではなく、それぞれの特徴的な趨勢を示している。

　この見取り図をもとに、次節以降は日本の広告企業の呼称と機能、広告媒体の変遷を4つの時期に区分し、その変化を辿っていく。1880年代から1950年代を中心として新聞時代のスペースブローカーとしての役割を担う「広告取次業」の時代（第2節）、1960年代から1970年代を中心としてテレビ時代のマーケティング・クリエイティブカンパニーの役割を担う「広告代理店」の時代（第3節）、1980年代から2000年代を中心として、多メディア時代の総合的コミュニケーション施策を担う「広告会社」の時代（第4節）、そして、2010年代以降を中心としてインターネット時代の総合ビジネスサポート企業へと拡張しつつある「事業開発パートナー」の時代（第5節）である。

第12章　日本の広告産業の歴史　127

第2節 広告取次業の時代：新聞時代のスペースブローカー

　日本の広告企業は明治10年代後半から明治20年代前半、おおむね1880年代に成立してきた（内川 1976: 77）。それは産業活動（市場経済）の本格化、および新聞業の発達と一体となった動きだった。

　この時期の広告企業はもっぱら新聞社の広告枠の販売取次で手数料を得る**「スペースブローカー」**であり**「広告取次業」**と呼ばれていた。東京では日本電報通信社（現：電通）や博報堂、関西では萬年社や後に近畿広告（現：大広）として統合されるいくつかの会社が有力な広告企業だった。1910（明治43）年には萬年社が日本ではじめて「広告代理業」を名乗ったが、この呼称が一般化するのは大正末期から昭和初期以降である。なお、イギリスでは1800〜1870年代が、アメリカでは1865〜1880年代が、おおむねこの時代に当たる（山本 1984: 242; 萬年社100年史編纂委員会 1990: 58; 大広 1994: 67; Williams [1960]1980: 178; Pope 1983=1986: 4, 122-139）。

　当時の日本の広告ビジネスには裏金、接待、恐喝といった言葉が連想されるようなダーティなイメージもあり、「広告屋」という蔑称もあった。そうしたマイナスイメージが払拭されていくのは1950年代以降、テレビ広告が放送されるようになってからだったようだ（渋谷 1978: 8-10; 土屋編 2015: 57）。

　明治末期から大正期には、印刷技術向上を背景に、当時の三大広告主（売薬・化粧品・出版）を中心とする意匠を凝らした新聞広告やポスターが登場してくる。広告は民衆に届き始めるようになるものの、その範囲は大正末期に至ってもまだまだ社会階層の一部にすぎず、大部分の労働者層には無縁であった。1930年頃からは広告制作者が作家や芸術家の副業ではない独自の専門職として自覚されるようになるが、広告が社会の広範囲に影響を及ぼすようになるのは、次の時代のことである（内川編 1976: 93-121; 難波 1998: 24-34; 加島 2014: 116-143; 山本 1984: 323-326）。

第3節 広告代理店の時代：テレビ時代のマーケティング・クリエイティブカンパニー

第二次世界大戦後のGHQ / SCAPによる占領期（1945〜1952年）から、1955

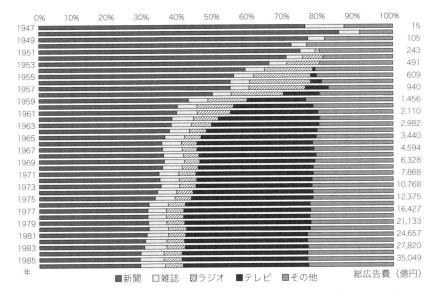

図 12-2　広告費の媒体内訳推移（1947 〜 1986 年）（電通「日本の広告費」（2019 版；2022 版）より筆者作成。「その他」の内訳は「DM、屋外広告、輸出広告、その他」）

年頃を転換点として日本は高度経済成長期を迎える。図 12-2 は電通が「日本の広告費」推計額を発表し始めてから 1 回目の推計範囲改訂が行われるまでの期間（1947 〜 1986 年）の推定広告費の内訳である。

　日本経済の成長とともに総広告費は増加し続け、とくにテレビの広告費は 1960 年前後に急増し、広告が大衆（マス）に大きな影響を及ぼすようになっていく。1959 年のご成婚パレード、1964 年の東京オリンピックといったエポックメイキングなメディアイベントにも後押しされ視聴台数を増やし続けたテレビの広告費は、1975 年にはそれまでトップだった新聞広告費を上回る。それ以降、2019 年にインターネット広告費に追い抜かれるまでほぼ半世紀にわたりテレビは最大の広告媒体になる。新聞広告に強かった萬年社と出版広告に強かった博報堂は、早くからテレビ広告に力を入れてきた電通に後れをとり、電通の独走体制は決定的なものになった（萬年社 100 年史編纂委員会編 1990: 264; 電通 100 年史編集委員会編 2001: 181; 博報堂編 2015: 224; 山本 2015: 217）。

　この時期の象徴的な出来事に「**AE 制（アカウント・エグゼクティブ制）**」の導入がある。AE 制とは、担当広告主との連絡を統括する広告企業の営業統括責任

第 12 章　日本の広告産業の歴史　129

者である「AE（アカウント・エグゼクティブ）」が、マーケティングからクリエイティブを含め広告計画の立案から実施に至る広告企業のスタッフを統括する制度である。1927年に萬年社が先駆的に導入したこともあったがきわめて限定的なものにとどまり、日本の広告産業での本格導入は1950年代後半のことだった。主要な広告企業では電通が1956年、博報堂が1958年頃、大広が1962年にそれぞれ導入している。当時「総合連絡制」の呼称もあったAE制はアメリカの広告業界にならって導入されたものだが、制度の前提となる「一業種一社制」（1つの広告企業が同じ業種の広告主を「掛け持ち」しない制度）を適用せずに独自形態で導入されたため「日本的AE制」とも呼ばれた。一業種一社制のもとでは広告企業が広告主の利益を代理する立場がより一層明確になるのだが、日本では広告企業や媒体企業のみならず広告主からの抵抗も大きく、独自形態で導入された。ここには広告企業を競争させコントロールしたいとの広告主の思惑もあったようだ。なお、広告企業がクライアントを「掛け持ち」できる慣行から、日本の広告業界は長らく電通と博報堂の二強体制、とくに電通の極端な寡占傾向を強めてきた。その独特な構造が後年、イギリスやアメリカに比した日本の広告企業のクリエイティブ軽視をもたらし、媒体枠確保とタレントのキャスティングに関心を集中させてきたことも指摘されている（渋谷 1978: 225; 山本 1984: 241; 大広 1994: 225, 245-246; 山中ほか 1985: 77-79; 電通100年史編集委員会編 2001: 197-198; 博報堂編 2015: 225; 土屋編 2015: 113-116; Kawashima 2006: 399）。

　いずれにせよ、日本的AE制の導入により広告企業は広告主の利益を代理する姿勢を示すことになった。広告枠を販売するメディア企業の営業的機能（販売取次機能）のみならず、市場調査を中心としたマーケティング機能やクリエイティブ機能を有するようになり、「広告取次業」から「**広告代理店**」へと変化してきたのである。なお、イギリスでは1880年代から、アメリカでは1890年代から広告企業がクリエイティブ機能を備えるようになり、おおむね1920年代と1960年代の2つの転換期を経て段階的に広告クリエイティブを本格化させていった（Williams [1960]1980: 178; 荒井 1994; Pope: 1983=1986: 148, 236-242; Leiss et al. 2018: 110-112）。

　この時期の象徴的な広告には、鮮烈な映像と音楽で商品情報の単純な提示とは異なるイメージを示した、衣料品CMの「イエイエ」（レナウン、1967年、

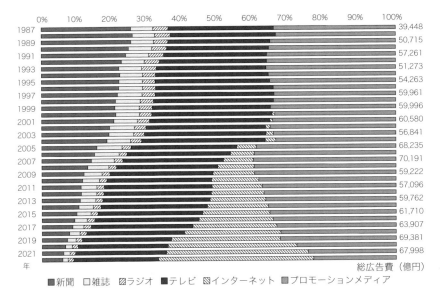

図 12-3 広告費の媒体内訳推移（1987〜2022 年）（電通「日本の広告費」（2019 版 ; 2022 版）より筆者作成。「テレビ」は「地上波テレビ」のみ（衛星メディア関連は除いた）。「プロモーションメディア」の内訳は 2004 年まで「DM、折込、屋外、交通、POP、電話帳、展示・映像ほか」で、2005 年以降はこれに「フリーペーパー」、2019 年以降は「イベント」が追加されている。

TVCM）や、ライフスタイルを提案するようなメッセージの「モーレツからビューティフルへ」（富士ゼロックス、1970 年、TVCM）、「金曜日はワインを買う日。」（サントリー、1972 年、TVCM・新聞広告）があげられる。

第 4 節 広告会社の時代
：多メディア時代のコミュニケーションカンパニー

1980 年代からは、「4 マス」（新聞、雑誌、ラジオ、テレビ）以外の広告領域が開拓されてきた（図 12-3 の「プロモーションメディア」広告費に含まれている）。スポーツ関連の**スポンサーシップ**や、「冠イベント」のような文化的イベントの協賛（メセナ）で、広告主のイメージ向上、「コーポレート・アイデンティティ（CI）」の確立に寄与する戦略がみられるようになったのだ。スポーツ会場の看板や、選手のゼッケン、ユニフォームにかかれた企業名が中継に映り込むのは今でもおなじみの光景だろう（難波 2010: 23）。一律の「大衆」（マス）ではなく、細分

化された「分衆」(セグメント)を狙うマーケティングの必要性がさかんにいわれるようになったのも、おおむねこの時期である。

伝統的なマスメディア以外へ広告領域が拡張していくなかで、広告企業は包括的なコミュニケーション施策を受けもつ者へとみずからを位置づけるようになる。電通は1981年にはコミュニケーションの全領域の担当を目指す基本理念を発表し、博報堂も1991年に総合的なコミュニケーション戦略を担当する立場を表明している(電通100年史編集委員会編2001: 312;博報堂編2015: 250)。このように従来にはなかった広告媒体(メディア)に目が向けられるようになり、とくに1990年代から包括的にコミュニケーション施策をとらえる重要性が改めて議論されるようになった。その代表的な観点が、個別の広告施策をこえて統合的にコミュニケーション施策全体をとらえようとする「IMC (Integrated Marketing Communication:統合マーケティングコミュニケーション)」である(河島 2021)。

広告企業は「広告代理店」から総合的にコミュニケーション戦略を担う「**広告会社**」あるいは「**コミュニケーションカンパニー**」へと拡大してきたのだ。

■ 第5節 | 事業開発パートナーの時代
:インターネット時代のビジネスパートナー

近年の重要な変化はインターネット広告の台頭だろう。Windows95が発売された1995年は「インターネット元年」と呼ばれ、インターネットの普及とともに2000年頃からインターネット広告費はパイを広げていく。とくに2008年のiPhone日本発売を経てスマートフォンが普及していく2010年代には大幅に広告費が増加していき、2019年にはインターネットが最大の広告媒体になった。2021年以降は、インターネット広告費だけで「4マス」すべてを合わせた広告費よりも大きな推定額になっている(図12-3)。

この時期の特徴的な広告として、個々のユーザーのウェブ閲覧履歴や検索ワード、表示されるウェブコンテンツに合わせて最適な広告を表示する「**ターゲティング広告**」がある。これは消費者の趣味嗜好や関心と広告主の提供したい情報を瞬時にマッチングさせる仕組みだが、普段インターネットを利用していても広告に「狙いうち」されていることに気がつくことがあるだろう。広告の

ターゲットは「大衆」から「分衆」へと細分化が進んできたが、今度は個別化された「個」がターゲットになってきたのである。

広告産業が急速にデジタル化を進めた 2010 年代以降、広告企業は広告のみならず総合的に顧客企業のビジネスを支援する役割へとみずからを再定義してきた。電通も博報堂も、広告企業であることをこえて総合的にビジネスを創出・支援するものとみずからを位置づけている。その帰結のひとつとして広告企業とコンサルティング企業の事業領域は互いに接近しており、すでに世界的な動きとして広告業界でのコンサルティング企業の存在感はきわめて大きくなっている（博報堂編 2015: 288-291; 山本 2020; 湯淺 2020: 23-27; 河島 2021）。

こうした動きを「広告会社」「コミュニケーションカンパニー」を経た「**事業開発パートナー**」へのさらなる拡張と整理できるだろう。

第 6 節 ｜ メディアの政治経済学

日本の広告産業は GDP の 1% 程度の広告費を維持しながら経済発展とともに成長してきた。2022 年の推定総広告費は 7 兆円をこえる巨大産業である。

放送やウェブサービスを中心に、質の高いサービスを無料で享受できるのは、多くの場合、広告のおかげだ。もし広告がなくなれば、民放のテレビやラジオも、Google も YouTube も、少なくとも現在の質で無料利用することはできなくなるだろうし、新聞や雑誌のような有料メディアは価格が上昇するだろう。「課金」すれば広告を非表示にできる仕組みは端的にこのことを示している。広告は煩わしい存在として嫌われ者のイメージがあるが、コミュニケーション産業や、広く資本主義社会にとっても不可欠の制度になっている。

他方で、巨大な制度であるがゆえの「綻び」もある。広告産業全体でみれば、長らく大量生産・大量消費・大量廃棄を助長してきたことが世界的な環境破壊と労働力搾取につながってきた。また、極端な寡占産業であるがゆえに特定企業への権力集中も発生する。2020 年東京オリンピック・パラリンピックでの談合事件はそうした「綻び」の現れともとらえられよう。

今後は、デジタル化の潮流をふまえて、これまで意識化されづらかった、市場調査や「データ」の権力性についても、歴史的経緯も含め改めて精査が必要

だろう。日本では 1950 年代後半から導入される市場調査に本格的な始まりをみる「消費者の数量化」の動きを後押しするように大手広告企業は社内にコンピューターを導入し、予算管理や経理処理のみならず、媒体管理や企画立案・実施に至る多様なプロセスで消費者データを活用してきた（山中ほか 1985: 254-259; 萬年社 100 年史編纂委員会編 1990: 278, 395; 大広編 1994: 260-261, 307, 512; アサツー ディ・ケイ社史編纂委員会編 2007: 51, 211）。社会学者の L. ボガートは相応の資金が必要になる大規模な市場調査やデータ分析の本格化が、アメリカの調査ビジネスの集権化をもたらしたことを指摘しているが（Bogart 1995: 132）、「アド・テクノロジー」と呼ばれる広告の自動処理化、アルゴリズム化の技術を活用する現代的潮流の帰結をよりよくとらえるためにも、こうした動きの系譜を整理、分析する必要があるだろう。

　メディア表象とその経済的、企業的土台を関連づけてとらえる「メディアの政治経済学」は、広告や消費を考える上で今後も欠かすことができない観点である。

［関連書籍紹介］

藤竹暁・竹内俊郎編著，2018，『図説 日本のメディア［新版］——伝統メディアはネットでどう変わるか』NHK 出版．：1980 年から改訂を重ねて読み継がれてきた、日本のメディア産業についてのテキスト。

湯淺正敏，2020，『広告会社からビジネスデザイン・カンパニーへ——イノベーションを生み出す事業開発パートナーへの転換』ミネルヴァ書房．：デジタル化とグローバル化のなかでの広告企業の動きを知ることができる。

［引 用 文 献］

荒井政治，1994，『広告の社会経済史——イギリスの経験』東洋経済新報社．

アサツー ディ・ケイ社史編纂委員会編，2007，『ADK50 年史』アサツー ディ・ケイ．

Bogart, Leo, 1995, *Commercial Culture: The Media System and the Public Interest*, Oxford University Press.

大広編，1994，『大広百年史』大広．

電通，2020，「日本の広告費 2019」電通．

————，2023，「日本の広告費 2022」電通．

電通 100 年史編集委員会編，2001，『電通 100 年史』電通．

博報堂編，2015，『博報堂 120 年史』博報堂．

加島卓，2014『〈広告制作者〉の歴史社会学——近代日本における個人と組織をめぐる揺らぎ』せりか書房．

Kawashima, Nobuko, 2006, "Advertising Agencies, Media and Consumer Market: The Changing Quality of TV Advertising in Japan," *Media, Culture and Society*, 28(3): 393-410.

河島伸子，2021，「広告会社の歴史的変容」田中洋・岸志津江・嶋村和恵編『現代広告全書——デジタル時代への理論と実践』有斐閣 : 206-223.

Leiss, William, Stephen Kline, Sut Jhally, Jacqueline Botterill and Kyle Asquith, 2018, *Social Communication in Advertising (Fourth Edition)*, Routledge.

萬年社 100 年史編纂委員会編，1990，『萬年社広告 100 年史』萬年社．

難波功士，1998，『「撃ちてし止まむ」』講談社．

————，2010，『広告のクロノロジー——マスメディアの世紀を超えて』世界思想社．

Pope, Daniel, 1983, *The Making of Modern Advertising*, Basic Books, Inc.（伊藤長正・大坪檀監訳，1986，『説得のビジネス——現代広告の誕生』電通．）

妹尾俊之，2015，「広告研究のための情報源」水野由多加・妹尾俊之・伊吹勇亮編『広告コミュニケーション研究ハンドブック』有斐閣 : 399-404.

渋谷重光，1978，『語りつぐ昭和広告証言史』宣伝会議．

土屋礼子編，2015，『昭和を動かした広告人』産学社．

内川芳美編，1976，『日本広告発達史　上』電通．

Williams, Raymond, [1960]1980, "Advertising: The Magic System," in *Problems in Materialism and Culture: Selected Essays*, Verso, 170-195.

山本武利，1984，『広告の社会史』法政大学出版局．

————，2015，「広告の社会史」水野由多加・妹尾俊之・伊吹勇亮編『広告コミュニケーション研究ハンドブック』有斐閣 : 214-229.

山本敏博，2020，「電通グループの今後の展望」電通ホームページ（2024 年 2 月 1 日取得，https://www.group.dentsu.com/jp/ir/data/slides/2019EA2/）．

山中正剛・須藤春夫・根本昭二郎，1985，『産業界シリーズ 437 広告業界』教育社．

広告制作者と広告批評

Chapter
13

加島 卓

・・・・・・・・・・・・・・・・・・・・・・・

　広告はいろいろな場所にある。駅に行けば大型ポスターが貼られ、電車のなかでは中吊り広告や動画広告が見られる。スマートフォンのタイムラインにはさまざまな広告が表示され、動画の再生途中にはコマーシャルが挿入される。

　こうした広告に一つひとつ真面目に反応する人は少ない。というか、そんなことをしていたら大変なので、実際にはほとんどを無視することになる。そのため、広告は人びとの注目を集めようと工夫を凝らすことになる。

　工夫を凝らした広告はかつて「鑑賞」や「批評」の対象でもあった。商品を購入しなくても、「好きな広告」や「気になる広告」は日常的な話題になっていた。ところがここ最近は広告の工夫が「批判」や「炎上」の対象にもなっている。狙った方向でというより、誰もが狙っていなかった方向で広告が注目を集めることもある。

　本章ではこうした広告を制作する人びとについて述べていきたい。

・・・・・・・・・・・・・・・・・・・・・・・

■ 第1節 │ マーケティングとクリエイティブの調停

　広告には広告主（クライアント）がいる。そして広告主からの依頼を受け、広告を制作する人びとがいる。本章はこの関係に注目することから始めたい。というのも、みずから広告を制作しない広告主は、誰かに制作を代行してもらわなくてはならないからである。

　そしてこの関係は次のように考えることもできる。一方の広告主からみれば、広告が最後までどんな仕上がりになるのかわからない。もう一方の制作者からみると、最後まで広告主から何を言われるのかわからない。つまり、広告制作は最後の最後までどうなるのかお互いにわからない営みなのである。

　こうした予測不可能性をいくらか和らげるのが、いわゆるマーケティングリ

136

サーチである。科学的な調査によって得られたデータを参照すれば、広告主や制作者の思いつきに振り回されることもない。予算を無駄遣いしないためにも、エビデンスはないよりもあった方がよい。

　ただし、調査データに基づいた広告制作が常に成功するとは限らない。「この商品をチェックした人はこんな商品もチェックしています」と言われても、実際に見るかどうかは別である。また、クリエイティブに優れた広告制作が売上の向上を約束するわけでもない。洗練された**デザイン**は、逆にわかりにくかったりもする。あえていえば、広告制作はマーケティングとクリエイティブを調停する営みなのである。

■ 第2節 ｜ 広告制作とグラフィックデザイナー

　広告制作が専門的な職業になったのは20世紀初頭である。それまでの広告制作は文筆家や画家の副業と考えられ、一人前の作家になるまでの生活手段と考えられていた。こうしたイメージは現在でも残っており、元**コピーライター**の小説家、元グラフィックデザイナーのアーティスト、元**CMクリエイター**の映画監督といった肩書きを今でも見かけることがある。

　本章では広告制作者の一例としてグラフィックデザイナーを取り上げたい。その理由はコピーライターやCMクリエイターよりも専門的な職業としての歴史が長く、職能も明確だからである。なお本章におけるグラフィックデザイナーとは広告のなかでも視覚的なイメージの制作に関わる者であり、かつては図案家と呼ばれ、その後は商業美術家、報道技術者、アートディレクター、グラフィックデザイナー、**クリエイティブディレクター**などと呼ばれた職業のことである（加島 2014）。

　キャリアパス的には美術やデザインに関する専門教育を受け、クリエイティブ職を前提に就職活動を行う。そして個人のデザイン事務所や広告代理店でのアシスタントを経て、グラフィックデザイナーとして働き始める。キャリアを積むと独立などを考えるようになり、アートディレクターやクリエイティブディレクターに昇進するのが一般的である。コピーライターやCMクリエイターは一般大学を卒業しても目指すことができるが、それらと比べてグラフィッ

クデザイナーは就職時にある程度の専門技術が期待されている点が大きな違いである。

　なお制作現場のプロセスは、①オリエンテーション→②プランニング→③プレゼンテーション→④制作→⑤広告主による確認、という順番である。広告主から依頼内容を聞いた広告代理店や広告会社は企画を立て、その企画が採用されると実際に制作が始まる。そして最後に表現の調整を行い、さまざまな媒体（マスメディア、インターネット、屋外広告など）に出稿されるという流れである。

■ 第3節｜広告制作者は何をしているのか

　以下ではグラフィックデザイナー出身の**佐藤可士和**と**森本千絵**をとりあげ、それぞれが広告制作をどのようにとらえ、マーケティングとクリエイティブをいかに調停しているのかを述べる。

▓ 1. 佐藤可士和

　佐藤可士和（1965年生まれ）は多摩美術大学を卒業後、広告代理店の博報堂を経て、2001年にSAMURAIを設立して独立したクリエイティブディレクターである。代表的な制作物としては、ユニクロや今治タオルのロゴマークのデザイン、そしてコンビニエンスストアのセブンプレミアムや楽天グループのブランディングなどが知られている（加島2021）。本章にとって重要なのは、佐藤が広告制作を共同作業ととらえている点である。

> デザインと言うと、もしかすると皆さんは、芸術家のような取っ付きにくいイメージを持たれるかも知れません。しかし、実はやっている行為自体は非常にシンプルです。僕はよく「デザインというのはビジョンを形にする作業だ」と言っています。クライアントが、「こうしたい、ああしたい」という思いを、見えたり、触れたり、実感できる形にすることがデザインなのです。（佐藤2009: 12）

　ここで佐藤は、「デザイン」すなわち広告制作を「芸術」と明確に区別している。なぜなら、広告制作は「クライアント」の「思い」や「ビジョン」を「形にする作業」だからである。「芸術家」のように自己表現するのではなく、

やりとりを通じてクライアントの意向を具体化すること。これが佐藤にとっての広告制作である。そしてその佐藤がとくに力を入れているのが、クライアントのヒヤリングである。

> 企業から仕事の依頼があると、まず、その企業のビジョンとはどういったものなのかを、じっくりとヒヤリングしていくことから始めます。これは、問診をして病気の原因を探っていくお医者さんに近いかもしれません。会社の根幹の中にまで入り込み、それこそ「我々は何なんだ」ということから見直し、問題となっている部分や企業の本質をつかんでいくのです。（佐藤 2009: 13）

ここで興味深いのは、佐藤が「ヒヤリング」を「問診」に喩えている点である。そうすることで、佐藤とクライアントの関係は医者と患者の関係として理解することが可能になる。そしてこの関係を利用して、佐藤＝医者はクライアント＝患者の「問題となっている部分」や「企業の本質」を引き出していく。具体例として、ユニクロの柳井正とのロゴマークをめぐるやりとりをみてみよう。

> 僕が「あれ？」と最初に思ったのは、ロゴが赤からエンジ色に変わっていたことなんですよ。最初は確か真っ赤だったのに、随分中途半端な色になっているなと思い、柳井さんに「ロゴが赤からエンジ色になっていますが、これはどういう理由で、どのタイミングで変えたんですか？」と聞いたら、「いつの間にか変わっていた」と。「何か理由があって決めたんですよね？」と聞き返しましたが、「やっぱり赤だと強すぎるとか、いろいろなことを言う人が出てきて、いつの間にかこうなったんです。今、可士和さんが言ったロゴの色の変化というのが、まさに大企業病の象徴です」と。だとしたら、ここで本格的に世界に打って出るんだから、一度リセットして、初心にかえって赤に戻しましょうと言って、色の変更が決まりました。（佐藤 2008）

ここで佐藤は３つの作業を行っている。１つ目は、ロゴが「随分中途半端な色になっている」という指摘である。２つ目は、「いつの間にかこうなった」という色の変更理由の聞き出しである。３つ目は、「初心にかえって赤に戻しましょう」という提案である。佐藤はこうしたやりとりを「答えは相手のなかにある」ととらえ（佐藤 2009: 34）、自分ですべて考えるのではなく、やりとりからクライアントの潜在的可能性を引き出すことを重視している。こうした①

現状認識→②問題の特定→③解決方法の提案という流れが、佐藤にとっての広告制作である。

■ 2. 森本千絵

森本千絵（1976年生まれ）は武蔵野美術大学を卒業後、広告代理店の博報堂を経て、2007年にgoenを設立して独立したアートディレクター／クリエイティブディレクターである。森本はグラフィック広告のほかにも、テレビコマーシャルの制作や子ども向けワークショップなども手掛けており、幅広く活躍する広告制作者である（森本2010）。本章にとって重要なのは、森本もまた広告制作と「自己表現」を区別している点である。

> 間違ってはいけないのは、クリエイティブディレクターは、自由に自己表現するアーティストとは違うということです。クリエイティブディレクターの仕事は、その商品をどういう人に買ってほしいのか（マーケティング）、どのように売っていくのか（プロモーション）、その値段はいくらくらいがいいのかなど、全体のコンセプトに関わり、与えられた制限の中で、クライアントから求められる最大限の結果を生み出すための、そのプロセスすべてをつくっていくことです。（森本2015: 132）

ここで森本が「アーティスト」との区別を強調するのは、広告制作には「マーケティング」や「プロモーション」、そして価格設定といった「全体のコンセプト」が欠かせないからである。そしてこうした「制限」をふまえつつも、「クライアントから求められる最大限の結果」を追求することが、森本にとっての広告制作である。それではこうしたマーケティングとクリエイティブの関係を森本はいかに調停しているのか。

> 「広告をデザインする」ということは、人から発注され消費される商品に対して、クリエイターが自分なりの正解を出して応えていくことです。しかし、そういう中において私がもっとも大切にしている「本当のデザインの価値」とは、それを伝えたい人の想いをいかに汲み取り、その商品が持っている本質や普遍性を丁寧にすくい出し、その本質が見る人の心に伝わるように、いかに形にしていくかです。人の想いを受け取って、人の心に伝わるものにする。（森本2015: 5-6）

ここで確認したいのは、森本は「自分なりの正解」をクライアントからの「発注」と関連づけている点である。そのため、森本は「伝えたい人の想い」に耳を澄まし、そのことを通じて「商品」の核心に迫る。こうしたやりとりを経て「形」にすることが、森本にとっての広告制作である。具体例として、ミュージシャン（Mr.Children）のアルバムジャケット制作をめぐるやりとりをみてみよう。

> 音楽のジャケットを手がけるとき、私は身体に染み渡るまで何度も何度も音源を聴き込みます。それが仕事だという意識がなくなるまで聴きます。そうすると生活の中に音が入り込み、自分がどう生きて何を感じているかに影響してきます。そうすると、身体からおのずと出てくる形でアイデアを生み出せるのです。(森本 2015: 28)

> 自分と一体化しているアイデアをつくっていく仕事は、果たして「仕事」なのか、それとも「私自身の生き方」なのか、もうそこには差はなくなっています。だから他人から依頼されてつくっていく仕事であっても、その間に生まれたアイデアは、結果的に他人ごとではなく、自分と同化していく。(森本 2015: 37)

　ここで注目したいのは、森本がクライアントとの「一体化」を志向している点である。森本によると、こうした一体化が可能なのは「イメージが相手の中にあって、その中に答えがあることがほとんどだから」である。そのため、実は「「自分の力」というよりは「相手の力」を使って形にしていく」という（森本 2015: 40-41）。このようなやりとりを通じてクライアントと自分を合流させていくのが、森本にとっての広告制作である。

　佐藤と森本の共通点は次のように整理できる。1つ目は広告制作者と芸術家（アーティスト）を明確に区別している点である。2つ目はやりとりを通じてクライアントのなかにある「答え」を探そうとしている点である。当たり前のように聞こえるかもしれないが、広告制作は自己表現ではなく、クライアントとのやりとりを通じて達成される共同的な営みである。

　その上で2人の違いは、佐藤は広告制作をクライアントの問題解決ととらえている点、森本はクライアントとどれだけ一体化できるかを重視している点にある。この違いはマーケティングとクリエイティブを調停する方法の違いだと思われるが、同時にこの違いが佐藤をコンサルタントのように、そして森本を

第13章　広告制作者と広告批評 ｜ 141

アーティストのように見せているともいえる。

第4節 │ ジェンダー炎上と広告批評

1. 広告表現とジェンダー表象

ところで近年、広告制作者による表現は批判の対象にもなっている。なかでも知られているのが、広告表現におけるジェンダー表象である。具体的には、「働く女性を馬鹿にしたような表現だったり、仕事だけがんばっていても外見を磨いていなければダメといったセリフであったり、老若男女が見る CM なのにアダルトビデオのような演出」であり、これらは「社会慣習や男性に都合の良い "型" を女性に押しつけている」という観点から問題視されている（治部 2018: 32）。

この問題を「ジェンダー炎上」と呼ぶ治部は「様々な製品を『誰に向けて』『どんな風に』宣伝したら良いか、難しい判断が必要な時代になった」という（治部 2018: 14）。そして、ジェンダー炎上する広告には①「狙って炎上を起こす組織はない」こと、②「企画・制作の過程で配慮が欠けていること」、③「想像力の欠如」という3つの共通点があると指摘している（治部 2018: 58）。

ここで注目したいのは、①「狙って炎上を起こす組織はない」という点である。この点は「作り手と受け手の解釈の齟齬」と表現されることもあり（上村 2021）、受け手の解釈を十分に想定していない作り手の表現が問題にされることも少なくない（瀬地山 2020: 116-117）。それでは、こうした指摘を広告制作者とどのように関連づければよいだろうか。

2. ファンタジーを用いた広告

そこで確認したいのは、そもそも私たちは広告を積極的に見ているわけではないことである。たとえば、動画視聴中に唐突に挿入される広告をイメージするとわかりやすい。広告はあらゆる手段を駆使して、私たちの注意を惹こうとする。そして私たちはそういう広告をとにかく無視しようとする。こうした駆け引きがなされる広告を、私たちは番組やニュースと同じように見ているとは

142　第Ⅳ部　これまでとこれからの広告

いいがたい。

　その上で、広告制作者は工夫を凝らすことになる。話題の人物をモデルに採用したり、派手な衣装にしたり、独特なメロディをつけたり、奇妙な振りつけで私たちの目を奪おうとする。ファンタジーの活用もこうした工夫の1つである。広告と空想の世界と関連づけたこの表現方法について、CMディレクターの**児玉裕一**は次のように語っている。

　　森本さんが想い描くファンタジーは、突拍子がなくて、それでいて無理がない。それはたぶん本来そこにあるべきものだったり、そこに存在してほしいと願うものだったりするからだ。たいていぼくたちはそういうものを忘れてしまっていたり、まったく気づかなかったりするものなのだけれど、森本さんはそれを、ちょうどよいかたち、ちょうどよいタイミングで、空間や人や時間の中にそうっと置いていく。（森本 2010: 107）

　ここで重要なのは、広告は単なる「ファンタジー」ではないということである。ファンタジーを用いた広告は、一方で「突拍子」もないが、他方で「無理がない」ものでもある。だからこそ、ファンタジーを用いた広告は私たちの注意を惹くと同時に、記憶や願望を刺激することもできる。絵空事だけでは広告として不十分なのである。

　改めると、広告はそのままではなかなか見てもらえない。だからこそ、さまざまな工夫によって私たちの注意を惹こうとする。ファンタジーを用いた広告はその1つであり、そうした広告は単なる絵空事というより、現実として理解可能な表現になっているのである。

■3. 広 告 批 評

　いわゆるジェンダー炎上は、こうしたファンタジーを用いた広告が批判的に見られた結果である。広告表現の現実らしさに注目すれば、「そんなこと起きるわけないだろう」という批判は難しくない。しかしこうした批判がファンタジーの活用を全否定しているとは考えにくい。とすれば、ここで考えるべきは絵空事と現実の両立のさせ方ではないだろうか。両者のバランスを調整することでよりまともな広告制作を目指すことはできないのか。

　そのための実践として、本章は最後に広告批評に注目したい（加島 2016）。今

はもう廃刊してしまった雑誌『**広告批評**』（マドラ出版、1979年〜2009年）の編集長だった**天野祐吉**は広告に批評が必要な理由を次のように語っている。

> 功と罪が、表裏一体というか、虚々実々というか、一つの表現のなかでせめぎ合っているのが、ほとんどの広告の実体というものです。そのところを、どう見きわめ、広告とどううまくつき合っていくか。これはもう、受け手の"知恵"の問題で、見分け方やつき合い方の虎の巻があるわけじゃない。……（中略）……。シンドクテもイソガシクても、できるだけ広告と積極的につき合ってみる。批判的につき合ってみる。広告にうるさい人間になることが、最良の策だと僕は思います。（天野 1983: 34-35）

　ここで興味深いのは、先に指摘した絵空事と現実という二面性と天野の認識が重なっている点である。このように表現がせめぎあったものとして広告をとらえているからこそ、天野は広告と「積極的」かつ「批判的」につきあうことを勧めている。それでは、何のためには私たちは「広告にうるさい人間」になる必要があるのか。

> 批評を誰のためにやっているかというと、広告制作者のためにやっているんですね。制作者が、「あっそうか」と言って次のヒントが生まれる批評ができたら、本当の批評になると思うんです。僕らが一生懸命考えて、おそらくつくり手もそこまで考えていなかったことを意識化すれば、次の方向への道が見えてくるみたいな。（天野 1985: 64）

　ここで重要なのは、批評が「次のヒント」につながることを期待している点である。送り手であっても「そこまで考えていなかった」ということはあり得る。だからこそ、批評を通じて「次の方向への道」を探る。天野にとって、「批評というのは、相手にもっとよくなってもらうために、いいぞいいぞと声援を送ったり、しっかりしろとヤジを飛ばしたりするもの」なのである（天野 1983: 8）。批評は誤りを糾弾することではない。意味のある批評を続ければ、広告はもっと面白くなる可能性があるというわけである。

　本章は最初に広告制作はマーケティングとクリエイティブを調停する営みであると指摘した。そして佐藤可士和と森本千絵に注目し、広告制作者は芸術家（アーティスト）と異なり、クライアントとのやりとりを重視している点を確認した。そのうえで、近年の広告への批判（ジェンダー炎上）をふまえ、本章はフ

ァンタジーを用いた広告における絵空事と現実の両立のさせ方を調整する必要
があるとした。そこで本章は広告批評に注目し、誤りを糾弾するのではなく、
制作者の「次のヒント」につなげていく選択肢もありうるとした。

　問題のない広告は無視され、問題含みの広告ほど注目を浴びる。こうしたな
かで必要なのは、炎上を避けるための広告制作ではなく、異論反論に応答可能
な広告制作ではないだろうか。

［関連書籍紹介］

加島卓, 2017, 『オリンピック・デザイン・マーケティング——エンブレム問題からオープ
ンデザインへ』河出書房新社. : クリエイティブを重視するデザイナーとマーケティングを重
視する広告代理店がオリンピックという舞台でどのような関係にあったのかを歴史的に説明
するもの。ネット炎上だけに注目するだけでは明らかにできない問題の全体像を示している。
東浩紀, 2023, 『訂正する力』朝日新聞出版. : 現代日本において「誤る」ことや「訂正」
することの意味を考えるもの。ネット炎上を長らく観察してきた批評家の1つの到達点。異
論反論への応答可能性を考えるための1冊でもある。

［引 用 文 献］

天野祐吉, 1983, 『広告の本——人生はそれを模倣する』筑摩書房.

———, 1985, 『広告の言葉』電通.

治部れんげ, 2018, 『炎上しない企業情報発信——ジェンダーはビジネスの新教養である』日本経済新
　　聞出版社.

加島卓, 2014, 『〈広告制作者〉の歴史社会学——近代日本における個人と組織をめぐる揺らぎ』せり
　　か書房.

———, 2016, 「誰もが広告を語る社会——天野祐吉と初期『広告批評』の居場所」斎藤美奈子・成
　　田龍一編著『1980年代』河出書房新社, 290-304.

———, 2021, 「佐藤可士和論」『佐藤可士和展（図録）』国立新美術館.

森本千絵, 2010, 『うたう作品集』誠文堂新光社.

———, 2015, 『アイデアが生まれる、一歩手前のだいじな話』サンマーク出版.

佐藤可士和, 2008, 「グローバル戦略における最大の武器は、「メイド・イン・ジャパン」」『ユニクロ
　　のデザイン』誠文堂新光社, 148-167.

———, 2009, 『仕事学のすすめ 人を動かすデザイン力』NHK出版.

瀬地山角, 2020, 『炎上CMでよみとくジェンダー論』光文社.

上村陽子, 2021, 「広告の"もうひとつ"の光景——多様化する女性表象とオーディエンス」田中東子
　　編著『ガールズ・メディア・スタディーズ』北樹出版, 16-30.

広告についての社会学的思考

Chapter

14

宮﨑　悠二

・・・・・・・・・・・・・・・・・・・・・・・・

　名作と呼ばれるような広告を紹介しながら、とくに好感を抱いた広告について、それをなぜ好ましいと思ったか書いてもらうと、「映像が綺麗」「ストーリーが感動的」「展開が笑えて面白い」「キャッチコピーが巧い」といった美的な観点か、「商品特性がよく伝わる」「商品名が印象に残る」といった広告主の戦略についての観点に意見が集中する傾向がある。それだけこの2つの観点は広告についての思考としてわかりやすいし、実際、広告論にとって重要なものだ。しかしこれとは異なる、社会学的な観点から広告を考察することもできるし、それがまさに通常は浮かびにくい観点であるがゆえに重要なことでもある。

・・・・・・・・・・・・・・・・・・・・・・・・

第1節 │ 広告のマーケティング論的なとらえ方
：個人の心理過程の変容

　広告の典型的な定義として「広告とは、識別された送り手が、選択されたオーディエンスに対して、製品・サービス・団体・アイディアについて、伝達・説得・関係構築を図るために、大量伝達や相互作用が可能な有料媒体を介して行うコミュニケーションである」（岸ほか 2017: 5）といったものがあげられる。アメリカマーケティング協会でもおおむね似た定義が採用されてきた。

　この定義のポイントは道具的なコミュニケーションを想定している点にある。つまり、特定の送り手による意図（伝達や説得）が、特定の受け手（ターゲット）に届くという個別のコミュニケーションの目的と成果に注目しているということだ。当たり前に聞こえるかもしれないが、それだけ基本的なポイントであり、実際に、個別のコミュニケーションの成果への着目が広告の基本だからこそ、広告研究の基本も個人の心理過程の変容にあった。

　個人が広告に接してから購入に向かう心理過程における広告の効果をとらえ

146

ようとする見方の典型がAIDAモデルである。これは「注意→興味→欲求→購買（Attention → Interest → Desire → Action）」と心理過程を分け、広告をみた消費者が購買に向かうまでを把握しようとする広告効果モデルだ。広告がどの程度、ある個人の注意を惹き、興味を抱かせ、欲しいと思わせたのか、こうした効果を把握するための理論が、AIDAを典型とする「**広告効果階層モデル**」である。

　経営学やマーケティング論の観点から広告の効果が問題になる時、もちろんすべてがそうでないにせよ、典型的にはこのような個人の心理過程変容に焦点が当てられることが多いだろう。

■ 第2節 │ 広告の社会学的なとらえ方：「意味づけ」と「システム」

　しかし広告が単純に商品の名前や機能、価格を伝えることをこえて、イメージを提示することで商品についての「意味づけ」機能を担うようになると——たとえばサントリーのウイスキー「トリス」のキャッチコピーは「うまい・やすい」（1949年）から「「人間」らしくやりたいナ」（1961年）へと変化した——広告の「意味づけ」に着目する議論が必要になると同時に、より包括的に広告というシステム自体に目が向けられるようになる。

　社会学者の山本明は広告を、価値転轍器として商品をシンボル化するものだととらえた（山本1969）。ここで**シンボル**とは、直接的にはとらえにくいものを代理的に示す記号のことだ。たとえば「平和」を代理的に示すシンボルとして「ハト」があり、「男らしさ」を代理的に示すシンボルとして「マルボロのタバコ」がありうるだろう。「平和」や「男らしさ」は、それ自体は目に見えないが、それを示すシンボルであれば目で見ることができる。トリスウイスキーの例でいえば、ウイスキーの物としての機能（味や酔い）とは別に「人間らしさ」のシンボル（象徴）としてトリスが消費されるようになっており、人々は単においしさを味わい酔った気分を楽しむだけでなく、トリスウイスキーを飲むことで人間らしくあろうとする、ということになる。マルボロのタバコも1954年にアメリカで始まる「マルボロマン」という有名な広告で男性的なイメージがついた。このように広告はそのなかでシンボルを提示することで商品にシン

第14章　広告についての社会学的思考 | 147

ボルとしての機能を付与し、人々はその商品を消費することで広告が見せる「よりよい明日」に向かっていくと山本は論じたのだ。なお、「転轍」とは鉄道のレールの切り替えのことだが、この珍しい言葉は近代社会学の祖であるM.ヴェーバーの、宗教についての議論に由来する言葉だろう。ヴェーバーは、利害関心によって人は前進するが、その方向を決める転轍手（Weichensteller）になるのは理念によってつくられた世界像だと論じた（Weber 1920＝1940）。山本の議論もこれに重なるところがある。広告は人々が向かうべき価値（たとえば「人間らしさ」や「男らしさ」）を提示し、消費による理念への前進を励ましているというわけだ。

こうして広告が単純な告知をこえて、大衆に理念としてシンボルを提示するようになってきたからこそ、広告の及ぼす社会の価値観に対する影響が論じられるようになった。ひとつひとつの広告をこえて、総体としての広告システムがもつ力にも目が向けられるようになってきたのだ。これは、個別の広告主がどのように広告で経営課題の解決を試みているかに着目する道具的観点とは異なる、広告という仕組みそのものに着目し吟味する立場につながっていく。アメリカの歴史学者 D.M. ポッターは、広告を学校や教会に匹敵する強力な社会コントロール制度であるととらえ、社会の価値観に対する影響を重視した（Potter 1954＝1957）。カルチュラル・スタディーズの祖であるイギリスの R. ウィリアムズも、広告は商品をシンボル化する「魔術システム」であるとして、個人的消費のニーズを満たすような「消費者の理想」を人々に優先させる仕組みとして広告が機能することで経済制度の維持が最優先され、道路、病院、学校といった個人的消費では満たすことのできない公共ニーズを社会の理想の外側に追いやることを批判的に論じた（Williams [1960]1980）。前述の山本明もまた、広告は個々の企業による道具的なコミュニケーションを含む経済的次元の役割にとどまらず、社会的次元において大きな役割を果たすものととらえていた。これらの議論は、たとえば個々のテレビ番組がもたらす問題とは別にテレビという存在自体が「テレビっ子」という社会問題を生んだように、個々の広告の力をこえて広告という仕組みがもつ社会への影響を問題化しようとしたのだ。

以上のような、広告の「意味づけ」への着目、個々の広告をこえた総体としての広告システムへの着目、この2点を、広告についての社会学的思考の古典

的なあり方ととらえることができよう。

　なお、広告の「意味づけ」の問題が注目されるようになる背景として、商品の直接的な機能とは異なる効用に着目する消費社会論の前提があった。アメリカの経済学者 T. ヴェブレンは、19 世紀末のアメリカ社会を念頭に置きながら、衣服のような消費財が物としての機能である一次的な効用によって消費されるのとは別に、二次的な効用である、地位を示す機能によって消費されることを指摘し、これを「**顕示的消費（見せびらかしの消費）**」と呼んだ。たとえば高い位にある人々が身に着ける衣服は、防寒や身体保護の機能とは別に、高い位にあることを示す（見せびらかす）機能があることを論じたのだ（Veblen 1899=2015）。これは物それ自体の機能とは別の、モノのシンボルとしての側面を論じた最初期の議論だったといえる。

　アメリカの経済学者 J. K. ガルブレイスはこの視点を引き継ぎながら、人々の消費行動が物としての有用性から離れ、本来なら必要ないものまで広告が買わせていることを 1950 年代後期のアメリカ社会を対象に論じた。「まず需要があるから、それに応じて生産がある」という常識的な見方とはまったく逆に「まず生産があるから、それに応じて需要の方がつくられている」という見方を提示し、需要が生産に依存するというこの構図を、広告宣伝がもたらす「**依存効果**」と呼んだ（Galbraith [1958]1998=2006）。消費の対象が「物の有用性」ではなくなったからこそ本来の必要をこえて欲望を創出し続けることができ、そうした操作が社会の歪みを生じさせていると批判したのである。

第 3 節　広告の記号論：「意味づけ」のシステムを批判する

　商品の非機能的な側面の消費が社会のなかで目立つようになり、広告も情緒性が強まっていくとともに、言語学（記号論）の成果を応用する構造主義（文化記号論）の観点から広告を分析する「**広告の記号論**」や消費活動を言語のメタファーでとらえる「**記号消費論**」が 1960 ～ 70 年代に登場してくる。

　フランスの記号学者 R. バルトは、言葉には明示的な意味である「デノテーション」と、暗示的な意味である「コノテーション」があるという言語学の知見を応用して、広告のメッセージが働く仕組みをとらえようとした。明示的な

第 14 章　広告についての社会学的思考　149

意味である「デノテーション」は、たとえば「ハト」という言葉が文字通り動物の「鳩」を意味することであり、暗示的な（言外の）意味である「コノテーション」は、「ハト」が「平和」を含意することである。この考え方を応用してバルトはフランスの食品企業パンザーニ社の広告を分析した。バルトが分析した広告は、半分開いた網袋のなかに、パンザーニの会社名が書かれたパスタやチーズの商品や、トマト、タマネギといった食材が置かれ、「パスタ、ソース、パルメザン／ラグジュアリーなイタリアン」とフランス語のキャッチコピーが書かれた、赤い背景のシンプルなものだ。この広告のテクスト（ここでは言葉や図像）のデノテーション（明示的な意味）は「パンザーニ」という会社名や、食材、商品、網袋といった物体そのものだが、コノテーション（暗示的な意味）として、半分開いた網袋に入った食材（野菜）が「商品の新鮮さ」を含意し、また「パンザーニ」といういかにもイタリアらしい名前や、広告全体のイタリアらしい色合いが「イタリア性」を含意している。こうしてこの広告は「パンザーニ社の商品は新鮮で、本格的なイタリアらしさを備えている」と伝えていることになる（Barthes 1964=1980）。このようにバルトは、広告のテクスト（言葉や図像）の重層性に着目し、とくにコノテーションに目を向けることで、その「意味づけ」の仕組みを解明しようとしたのだ。

　こうした議論をふまえ消費社会についての社会理論を提示したのがフランスの社会学者J.ボードリヤールである。ボードリヤールは消費という活動を、まさに言語のアナロジー（類比）でとらえた。言語には、個々の場面におけるその都度の言語使用と、体系だった言語構造の間の循環関係がある。たとえば、ある特定の場面で日本語が話され・聞かれ、書かれ・読まれる時（今もそうだ）、そうした言語使用は日本語という言語体系があるから可能になっている。他方で、日本語という言語体系は、どこか巨大な倉庫に「日本語」として保管されているから存在しているのではなくて、その都度その都度、日本語が使われることによって存在し続けることができる。個々の場面での言語使用と言語体系は、互いが互いを支えている関係にあるということだ。

　これと同じことが消費にもあてはまるとボードリヤールは考えた。現代の商品は差異を指し示すシンボルとして存在しており、A社のジーンズが「ワイルドさ」を示し、B社のジーンズが「かわいらしさ」を示し、C社のジーンズ

が「若々しさ」を示す時、人々は物の有用性をこえて、商品によって示される差異（ワイルド／かわいらしい／若々しい）を消費している。物は、消費する人が何者であるかを代理的に示す記号（シンボル）としてのモノになることで消費される。「記号消費論」と呼ばれる議論である。ここで消費は言語と同じように、自己について表現し他者とコミュニケーションをする活動としてとらえる。広告の役目はそこで、商品の差異を演出し、物をシンボルとしての"モノ"に変換することだ。シンボルとしてのモノは商品同士の微細な差異の体系を指し示しており、人々はそうした差異の体系があるから特定の商品の価値（かわいらしさ）を選び、自己と他者を差異化することができる。他方で、差異の体系が存在できるのは単に広告が差異を演出するためだけではなく、人々によって商品がその都度その都度、消費されるからでもある。社会の誰ひとりとしてジーンズのブランドの違いに関心を抱かなければ、ジーンズのブランドはまったく意味を成さなくなってしまうだろう。その都度の行為である言語使用と言語体系が、互いが互いの根拠になっていたように、その都度の行為である消費と「消費の辞書」ともいえる差異の体系は、互いが互いの根拠になっていると考えたのだ。

　ここからボードリヤールは、人々が自由に行っているようにみえる消費活動も、差異化を強制させられているにすぎないと看破する。ここにはガルブレイスから引き継がれた、「消費者主権」批判があった。「消費者の自由」が実は欺瞞ではないかと、鋭く批判したのである（Baudrillard 1970=[1979]2015）。

　また、記号論による広告分析として、広告が人々の価値観や思考のあり方に影響する仕組みを解明し批判しようとしたJ. ウィリアムスンの議論もよく知られている（Williamson 1978=1985）。広告タレントに「爽やかで若々しい俳優」が起用される時、商品にそのイメージが転移する。店頭で商品をみた時に、CMやポスターに登場する広告タレントのイメージが浮かんでくることは、よくある経験だろう。たとえばこのように広告のなかに有名タレントが登場する時、広告はすでに存在している記号同士の差異（「俳優Aは爽やかで若々しい」「俳優Bは渋い」）を利用している。広告をみた受け手が商品の価値として「爽やかさ、若々しさ」を読み込むことで商品に「爽やかさ、若々しさ」の意味が付与され、同時に「爽やかで若々しいことはすばらしい」という思考のあり方（イ

デオロギー）が温存される。特別に有名な人物が登場しない場合や、人物が登場せず自然の風景が強調されるような場合でも、すでに存在する記号の差異の体系を利用して商品に記号的な価値が付与される一方で、記号的な差異の体系が温存されることになる。ウィリアムスンは数多くの広告表現を分析し、こうしたメカニズムを批判的に吟味した。

　このような広告の記号論の議論は日本では1980年代に紹介されたが、そこでは社会批判のための議論というよりは、広告制作の技術やマーケティング戦略の裏づけとして受け取られた側面が強かった。

■ 第4節｜記号論をこえて：広告受容のあり方の重視

　広告の記号論は、広告の「意味づけ」の仕組みに注目することで広告の社会学的な議論に対して影響力をもったが、他方で完全な知識をもち注意深く広告を読解する受け手を想定することで、広告が受容される文脈（みられる状況や、受け手それぞれの知識）を無視していた点には批判も生じた。

　カルチュラル・スタディーズの大家S.ホールは、テクスト（広告でいえば、言葉や図像や音楽）の意味は、そのテクストを解読する人によって異なって読まれうることを指摘した。たとえば広告内のセーターを、人によって「冬の訪れ」の含意と受け取ることもあれば、「寒い日」の含意と受け取ることも、「インフォーマルなスタイル」の含意と受け取ることもある（Hall [1973]1980）。広告テクストのコノテーション（含意）が比較的開かれた解釈をされうるのであれば、広告受容の文脈を無視した記号論的な精緻な広告読解の説得性に、一定の留保がつくことになるだろう。

　またT.ペイトマンは、言語が使用される文脈や状況を重視する**プラグマティクス（語用論）**の観点から、それが広告であるというそもそもの前提のもとで、広告主や広告対象についての知識とも関連づけて広告がみられるからこそ、広告が自然に理解されるとした。広告の意味は広告表現だけで完結せず、みられる状況（そもそも「広告」だと思ってみられる）、みる人の知識といった広告の「外側」があってはじめて確定するということだ。「おいしい生活。」（西武百貨店、1982年）というキャッチコピーは、それが詩でもなく映画の台詞でもなく広告

文であり、かつ西武百貨店からのメッセージだとわかっているからこそ、たとえば「広告であるからには西武百貨店の良さを訴えるメッセージだろうな。良い生活、悪い生活のような序列じゃなくて、それぞれ好きな“おいしい”生活を求めることを提案している、そういうセンスの人が集まるのが西武百貨店だと言いたいのかな」と瞬時に逆算して理解できる。「爽やかな広告タレント」であれば「広告でこのタレントが起用されているということは、この商品には爽やかさがあると言いたいんだな」と受け手が理解して商品イメージを受け取ることになる。この時、起用タレントについての知識の有無によっても受け取り方は変わってくるだろう。広告の記号論が広告表現の分析に終始していたのに対して、ペイトマンの議論は、普段ことさらには意識されない、広告表現の外側にある文脈、つまり広告がみられる状況や、広告主の意図の推測も含む受け手の知識や理解を重視したのだ（Pateman 1983）。

　こうして、広告が一方的に大衆に影響を与えるという見方ではなく、送り手と受け手との間の、意味づけと解読を巡るせめぎあいの場として広告がとらえ直されることになる。こうした議論は、そもそも人々が何を「広告」だとみなしているのか、人々が「広告」をどんなものととらえているのかを観察した難波功士や、そうした「広告とはこういうものだ」という理解の歴史的登場を分析した北田暁大の研究にも受け継がれた（難波 2000; 北田 [2000]2008）。いずれも「広告とはこういうものだ」という定義づけを研究者がまず行うのではなく、人々による定義づけを観察する **「社会的構築主義」** と呼ばれるスタンスに依拠しており、「人々は広告をどう受け取るのか」「どんな空間や状況で広告と接するのか」に着目する点で、受容文脈の議論を発展させたものといえる。それは、広告の「多メディア化」が浸透し、何が「広告」であるかの自明性も揺らぎつつあったメディア環境が反映された議論でもあった（難波 2000: 35）。

■　第 5 節 ｜ デジタル以降の広告論：シグナルとしての広告

　近年の広告産業のデジタル化をふまえ、安藤（2021）、小泉（2022）のように、改めて広告のとらえ方を見直そうとする議論が 2020 年代に登場してきている。こうした議論は、単に最新事例に対応して議論を追加するのではなく、社

会学や哲学の古典に立ち戻り包括的に広告論を再考しようとする点に特徴がある。広告の「デジタル化」は、一方では 20 世紀後半を通して少しずつ進行し、21 世紀に加速した動きではあるが、他方で広告論全体の見直しを迫るようなインパクトを有してもいるということだ。

　直接的に広告を論じたものではないが、記号学者の石田英敬は「指標（index）→類像（icon）→象徴（symbol）」と順に抽象度が高くなる人間の記号活動のピラミッド（三角形）の下側に、「アナログ信号（analog）→デジタル信号（digital）→プログラム（program）」とアルゴリズム化されていく機械の情報処理の逆ピラミッドを置き、二つのピラミッドが底辺でつながる菱形の図形として整理することで 21 世紀の新しい記号論を構想している（石田・東 2019）。

　これを本書の用語と関心に即してとらえると、20 世紀後半には「**シンボル**（象徴）**としての広告**」が中心だったものが、21 世紀には「**シグナル**（信号）**としての広告**」が中心になってきており、シンボルの意味解釈とは異なる消費促進策として成長しつつあるものとして現代の広告をとらえることもできよう（ただし石田自身は論理学の歴史もふまえて人間の記号活動を「sign ＝『記号』」の問題系、機械の情報処理を「symbol ＝記号」の問題系として整理している）。演算に基づく商品情報の提示が支配的なものになりつつある現代のメディア環境のなかで、シンボル（象徴）についての議論のみならず、プラットフォームやアルゴリズムに関するシグナル（信号）についての議論を貪欲に吸収し総合的に把握する姿勢が、今後ますます求められるだろう。

［関連書籍紹介］

水野由多加・妹尾俊之・伊吹勇亮編，2015，『広告コミュニケーション研究ハンドブック』有斐閣．：社会学（執筆：難波功士）を含めて広告コミュニケーションについての議論を一望でき、ほかの分野と比較しつつ理解を深められる。

［引 用 文 献］

安藤真澄，2021，『広告コミュニケーションの本質とは何か──「広告社会学」の試み』ミネルヴァ書房．

Barthes, Roland, 1964, "Rhétorique de L'image," *Communications* (4): 40-51.（蓮實重彦・杉本紀子訳，1980，『映像の修辞学』朝日出版社．）

Baudrillard, Jean, 1970, *La Société de Consommation: Ses Mythes, Ses Structures*, Gallimard.（今村仁司・塚原史訳，[1979]2015，『消費社会の神話と構造 新装版』，紀伊國屋書店.）

Galbraith, John K., [1958]1998, *The Affluent Society (Fortieth Anniversary edition)*, Houghton Mifflin Company.（鈴木哲太郎訳，2006，『ゆたかな社会 決定版』岩波書店.）

Hall, Stuart, [1973]1980, "Encoding/Decoding", Stuart Hall, Dorothy Hobson, Andrew Lowe and Paul Willis, eds., *Culture, Media, Language: Working Papers in Cultural Studies, 1972-79*, Routledge.

石田英敬・東浩紀，2019，『新記号論——脳とメディアが出会うとき』ゲンロン.

岸志津江・田中洋・嶋村和恵，2017，『現代広告論 第3版』有斐閣.

北田暁大，[2000]2008，『広告の誕生——近代メディア文化の歴史社会学』岩波書店.

小泉秀昭，2022『有機体的広告論——デジタル社会に向けてのもうひとつの広告思想』八千代出版.

難波功士，2000，『「広告」への社会学』世界思想社.

Pateman, Trevor, 1983, "How is Understanding an Advertisement Possible?," Howard Davis and Paul Walton eds., *Language, Image, Media*, Basil Blackwell, 187-204.

Potter, David M., 1954, *People of Plenty: Economic Abundance and the American Character*, University of Chicago Press.（渡辺徳郎訳，1957『アメリカの富と国民性』国際文化研究所.）

坂根進編，1975，『トリス広告25年史』サン・アド.

サン・アド編，1969，『サントリーの70年Ⅱ——みとくんなはれ』サントリー.

Veblen, Thorstein, 1899, *The Theory of the Leisure Class: An Economic Study in the Evolution of Institutions*, Macmillan.（高哲男訳，2015『有閑階級の理論 増補新訂版』講談社.）

Weber, Max, 1920, *Gesammelte Aufsätze zur Religionssoziologie, Band 1, Die Wirtschaftsethik der Weltreligion*, Verlag.（細谷徳三郎訳，1940，『儒教と道教』弘文堂書房.）

Williams, Raymond, [1960]1980, "Advertising: The Magic System," *Problems in Materialism and Culture: Selected Essays*, Verso, 170-195.

Williamson, Judith, 1978, *Decoding Advertisements: Ideology and Meaning in Advertising*, Marion Boyars.（山崎カヲル・三神弘子訳，1985『広告の記号論——記号生成過程とイデオロギー（Ⅰ・Ⅱ）』柘植書房.）

山本明，1969，『価値転轍器——シンボルとしての広告』誠文堂新光社.

15
Chapter

広告文化と倫理

宮﨑悠二・藤嶋陽子・陳海茵

・・・・・・・・・・・・・・・・・・・・

　差別的な表現を採用した広告や広告主の「炎上」、個人の自発的な感想を装った宣伝である「ステルスマーケティング」、広告として発信される「社会的メッセージ」。広告のあるべき姿や善悪の問題を、本書の最後に改めて考えてみたい。この社会を少しでもマシなものにしていくために、私たちは広告とどのようにつきあっていけばよいだろうか。

・・・・・・・・・・・・・・・・・・・・

第1節 | 広告内容の真偽

　広告のあるべき姿や倫理的側面について考察するためのひとつの道筋として、広告のあるべきでない姿、広告の「悪さ」についての議論を辿ってみることが有効だろう。とりわけ、広告に対する批判のバリエーションを辿ってみることは、そのもっともわかりやすい道しるべのひとつだ。

　広告についての批判として代表的な、そして歴史的に初歩の時点から発生してきたのは、広告内容の「真偽」についての批判である。「誇大広告」「誇大宣伝」という言葉が象徴するような、広告が商品情報について虚偽を申告しうる点で悪しき存在であるとする批判だ。

　日本における最初期の広告批判である福澤諭吉の売薬広告批判も、この点に注意を促すものであった。福澤は明治前期、当時目新しかった新聞に掲載された売薬の誇大広告が、リテラシーのない読者には実際の薬の良否にかかわらず「ありがたいお薬」の広告と受け取られてしまうとして、売薬広告のあり方を鋭く批判した（内川編 1976: 43-45）。これは日本におけるその後の広告批判のプロトタイプとなる言説であるが、イギリスやアメリカにおいても、広告が発達

156

する最初期の時点から広告の真偽性が問題化されていた。

　こうした批判は、広告の「**告知機能**」に関わるものだ。広告のもっとも基本的な役割は、商品の名前や機能、価格や販売所を周知することにある。しかし、広告対象となる商品やサービスを少しでも良いものに見せようとする意志が行き過ぎると、広告で伝えられる情報が実際とは異なるものになりうる。広告表示が景品表示法上の「不当表示」になりうる例、たとえば商品・サービスを実際よりも著しく優れたものと誤認させる「優良誤認表示」（例：事実に反して「バッテリーが5日もつ！」とスマートフォンを宣伝）や、取引条件が実際より著しく取引相手に有利であると誤認させる「有利誤認表示」（例：普段からその価格なのに「今だけ80％OFF！」と告知）について考えてみれば、このことの「悪さ」はわかりやすいだろう。

　2023年に景品表示法上の「不当表示」としてあらたに指定された「**ステルスマーケティング（ステマ）**」が倫理的な問題になるのも、この「真偽」の側面に関わっている。もし目にする情報が「広告」であればいくらか差し引いて受け取ることになるが、そうではなくて「口コミ」であれば、より実態に近い真実の情報を期待する——。こうした前提があるからこそ、口コミだと思っていた情報が実は広告（ステマ）だった時、商品についての情報伝達のもっとも基本的な部分である、真偽についての期待が裏切られることになる。

　広告内容の真偽に関する「悪さ」は、「売薬広告」から「ステマ」まで古くて新しい問題だ。それは広告の基本である情報提供機能を損なわせる点で、もっとも基本的な広告の「悪さ」を示しているし、実際に悪質な誇大広告は法的措置の対象になる。また、全日本広告連盟の定める「広告倫理綱領」をはじめとして数多く存在する広告業界の倫理綱領でも、広告が信頼できる正確な情報や真実の提供を使命とする旨は必ず言及されている。

　広告の基本的機能としての情報伝達機能があることをふまえ、私たちが自主的かつ合理的な商品選択を望んでいるかぎりは、広告の表現で商品情報を誤解させられることはないか警戒したり、商品情報表示の規制制度が適切なものになっているかどうか、時に目を光らせたりする必要もあるだろう。

第15章　広告文化と倫理　157

第2節 広告表現の善悪

　広告の「**社会的機能**」を考えるならば、そのメッセージの「真偽」とは別に、広告表現の「意味」の問題も重要となるだろう。近年では、広告表現が炎上する事例が増えており、とくにジェンダーに関わる描写での批判が多く見受けられる。たとえば、新生児の育児に苦労する母親を描いたオムツのCMにて、映像のなかに父親がほぼ登場せず、母親がワンオペ状態で奮闘する姿が美化されていることに対して、女性が主として育児を担うというステレオタイプを助長させると大きく批判された。このような広告表現を、社会の実情であるのだから問題ではないとする見方もあるかもしれない。たしかに、広告では人々から共感されるため、リアルな表現も時として必要であろう。だが広告にステレオタイプが描かれることは、その規範を強化することが懸念される。実際にイギリスでは、広告基準協議会（The Advertising Standards Authority）と連携する広告実践委員会（The Committees of Advertising Practice）が、有害なジェンダーステレオタイプを含む広告は社会的な不平等を助長するとして、2019年から規制を設けている。この取り組みでは性差を描くこと自体は否定せず、誤った偏見や個々人の可能性を狭めかねない有害なジェンダーステレオタイプの基準を設け、審査を行っている。人々の**ポリティカル・コレクトネス**への意識が高まるなかで、広告表現にも価値観のアップデートが求められている。倫理的に正しい表現を採用し、先駆的に提示することが必要となるのだ。

　しかしながら、「正しい」価値観に基づく表現をしていれば良いのかというと、さらに慎重に考えなくてはならない。企業やブランドが、倫理的に正しい取り組みを推進していると広告で押し出す上では、聞こえの良い言葉を並べるだけでなく、実質的な対応や効果が伴っているかが厳しく問われる。近年では、環境に良い企業であるように発信しておきながら、具体性や実質性が伴わないことは、「グリーンウォッシュ」であると批判されるようになった。この「グリーンウォッシュ」と認定される事例は幅広い。たとえば、化石燃料事業を主とするエネルギー企業や航空会社、ファストファッション企業のように、環境負荷の高い事業の担い手がサステナビリティへの貢献をプロモーションすることは、局所的な環境貢献活動を強調しているにすぎないと批判される。ほ

かにも、近年ではストローやショッピングバッグをプラスチックから紙素材に置き換える事例も増えているが、これは海洋汚染を防ぐ可能性がある一方で、二酸化炭素の排出を増やす懸念もある。全方位で倫理的に"正しい"取り組みをすることは難しいが、効果が不明瞭な取り組みだけを強調してエコフレンドリーな企業だとふるまうことも批判される。厳密な効果や根本的な取り組み姿勢までが問われるわけだ。これは環境保全活動だけでなく、ダイバーシティ推進や人権保護など、多様な企業の社会貢献活動の発信においても同様である。たとえば、ホームレスを排除する再開発を行った自治体が、LGBTQフレンドリーであることを押し出すことは、「ピンクウォッシュ」だと批判されたように、都合の良い"正しさ"だけを採用することは強く問題視される。SDGsへの取り組みが、公的セクターと私企業の双方で重要性が高まり、こうした活動を発信する広告も増えているが、倫理的に"正しい"ことを広告で訴求するには、大きな責任が伴うわけだ。

　そして、もう一歩進めて考えていくと、倫理的に"正しい"表現によって消費を促していくこと自体の問題も議論されている。たとえば、ファッションや美容といった「見た目」をめぐるビジネスでは、そこで理想とされる美しさの基準が、若く、肌は白く、細身というように画一的であることが批判されてきた。だが、近年の**ボディポジティブ**のムーブメントのもとで、広告でも多様な身体像が登場するようになった。美しさのあり方が多様になることは、好ましい方向性であるのは間違いない。だが、その多様さは、ブランド側が許容できる範囲の"多様さ"でしかない。また、社会学者のS.オルガドとR.ギルは、「ありのままの自分を愛し、自信をもとう」というメッセージが、社会の側の構造的な問題を、個人の心持ちの問題に置き換えてしまうと非難する（Orgad and Gill 2022）。人々が抱える困難に対して、本人が気持ちを切り替えられれば生きづらい状況が変えられる、自尊心を高めていければ偏見や困難から逃れられるというロジックになっているのだ。そして「自分を大切にしよう」というメッセージがマーケットのなかで展開される際には、それは商品のプロモーションとなる。ストレスに晒されている自分を労わるセルフケアや、自分へのご褒美として商品が訴求されることは、"正しい"メッセージが根本的な社会構造の解決より、あらたな消費に駆り立てる謳い文句となってしまっているの

だ。

　当然のことながら、広告表現が倫理や道徳と照らし合わせて良いものとなる
よう、問題化していくことは重要だ。前節でみてきたような広告内容の真偽の
問題と比べて、広告表現の善悪は、法律のように明確な基準に依拠する問題と
はなりにくい。だからこそ文化の問題として、特定の人々に不利益をもたらす
表現を見過ごさないことが必要になるだろう。また、単に"正しい"だけの表
現にすれば良いということではなく、発信することに伴う責任や影響まで踏み
込んで考えていくことも重要だ。

■ 第3節 │ 広告の仕組みについての「悪さ」

　また、広告についての潜在的で構造的な問題系も存在する。広告の記号論的
分析を牽引したR.バルトやJ.ウィリアムスンは、広告が商品をシンボル化す
る仕組みを記号論の観点から考察することを通して、広告という表現システム
全体の根源的な部分を吟味し、批判することを狙いとしていた（→第14章）。
広告が私たちの価値観に及ぼす作用は、一つひとつの広告表現が強い力を発揮
することによって発生するのではない。ある特定の広告表現に「若さと美しさ
はすばらしい」と"教えられる"ことで若さと美しさを至上の価値とするよう
な単純な作用（だけ）が広告の社会的作用なのではなくて、個々の広告主、個々
の広告表現をこえて、広告表現全体が絶え間なく、その都度その都度、私たち
を消費の舞台へと誘い出し、その時どきの社会の支配的な価値観を強化し再生
産していくところに広告の社会的な力がある。この仕組み自体を仔細に分析
し、吟味しようとしたことが広告の記号論分析のもつ批判力の中心だった。

　J.ボードリヤールが消費社会という社会システムを批判する論拠としていた
のも、ひとつにはこの点だった。差異化しあうブランドたちが互いに互いの価
値を示差的に規定しあっていることで特定のブランドの商品を「自分らしさ」
を表現する記号として消費することができる一方で、そのように商品を消費す
ることが、今度はブランドの意味づけを再生産することになる。記号価値の源
泉である意味のストック（差異の体系）に依拠して個々の消費活動が行える一方
で、個々の消費活動によって意味のストックが補強・拡充されるのだった。自

由に商品を選び消費を楽しんでいる消費者も、他者との差異化というゲームの
ルールのなかで動くことを強制させられているのであり、そうしてルール通り
にゲームに参加することが、またルールを温存し強化することにもなるのだ。

　ここでは能動的な表象解読や商品選択が存在しさえすれば広告の力を無視で
きるわけではない。かつてカゴメの新聞広告に「トマトは野菜か果物か。」
(1978年) というものがあった。「あなたは、どちらだと思いますか。〈トマト・
アンケート〉」と読者の意見を問うもので、当時の新聞記事では「いわゆるイ
メージ広告」(1978年10月5日『読売新聞』朝刊「CM天気図」) と紹介されており、
トマト加工メーカーとしてのカゴメを印象づける広告だったようだ。アンケー
トの結果ではおおむね、トマトは野菜ということになったようだが、「トマト
は野菜か果物か。」というこの問いかけは、「野菜」を選んでも「果物」を選ん
でも、「果物のように甘くおいしい野菜」「野菜のように栄養豊かな果物」とい
う「いいとこ取りの食品」であるという意味は維持される。それは、特定の広
告主や商品に対するイメージ戦略であることをこえて、そして一人ひとりがど
んな選択をするか、何を買うか選択することとは別に、広告表現のなかに記号
体系が温存されることを象徴するものでもあるだろう。広告表現の「仕組み」
自体に目を向ける必要性は、個人の選好をこえた「意味の体系」を一歩引いて
見ることで、消費社会の強制力を吟味することにあった。

　たしかに広告の記号論は、カルチュラル・スタディーズや社会的構築主義の
議論を経て相対化された部分もあるが、広告の構造的な部分を吟味する重要性
は未だ失われてはいない。たとえば、インターネット広告の普及以降はターゲ
ティング広告が個人のプライバシーを侵害しかねないと問題視されたり (→第
5章)、インターネット広告のクリック数を不正に水増しする「アド・フラウ
ド」による広告料が反社会的勢力の資金源にもなっている可能性も指摘された
りしている。ここでもまた、個々の表現についての「悪さ」とは別に、広告の
仕組み自体がもたらしうる「悪さ」が問題化されているということだ。

　石田英敬による新しい記号論の構想 (→第14章) も、デジタルメディアの台
頭をふまえ人間の記号活動 (シンボル) の構造的な力をもっぱら相手にしてき
た旧来の記号論をアップデートし、機械の記号活動 (シグナル) のもつ構造的
な力も含めて包括的な見通しを示そうとするものと考えられる。21世紀の広

告がもつ構造的な力を考えていく上で、石田による記号論のアップデートの試みはきわめて示唆的なものだろう。

　また、メディアコンテンツに対する広告の影響は、よくいわれるような「無言のスポンサー圧力」を発揮して個別の番組や報道への影響力を行使することだけにあるのではない。そうした局所的な作用とは別に、メディア企業（媒体企業）の大きな財源である広告費がメディア企業への「隠れた助成金」として作用することで、オーディエンスの購買力が大きいメディア企業（たとえば富裕層を読者に抱える保守的なメディアや、できるだけ多くの視聴者に当たり障りのない話題を提供するメディア）の成長を助けることになるし、逆にオーディエンスの購買力が小さいメディア企業は存続の危機に瀕することになる。メディア企業が広告費で運営されるという経済体制自体が、特定の性格のメディア企業を存続させ、また特定の性格にメディア企業を方向づける潜在的な要因になるということだ（Curran 1981）。

　これは伝統的なマスメディアだけの問題ではない。人々の関心（注目）の度合いが価値をもつ「**アテンション・エコノミー**」で回るともいわれているインターネット社会で、関心を集めるために過激化する言論やフェイクニュースの存在を考えてみれば、「貨幣としての視聴率」や「貨幣としての関心」の負の側面が浮かび上がってくる。「アド・フラウド」による反社会的勢力への資金流入の可能性もまた、広い意味ではこうした「メディアの政治経済学」の問題系に位置づけられるだろう。メディア企業を含めた広告産業の構造を知る必要性も、ひとつはここにある。

■ 第4節　よりマシな社会へ

　「愛と資本主義」をテーマにした作品『pink』（1989年）の著者でもある漫画家の岡崎京子は、1993年5月号の『思想の科学』フェミニズム特集で、岡崎自身が1991年に「フェミニズムって何か、嫌い」という主旨の文章を週刊誌の連載で書いたことについての「謝罪ならびに現状報告」を提示した。「私はかってフェミニズムを『何か、嫌い』とヒトコトで片づけてしまった動機について考え、ある結論を得ました。それは、"『社会』に関与する主体としての

自分を労働する者や生活者としてで無く『消費する者』としてとらえる場合"
に、そうゆう何も考えてない状態の発言に至るとゆうワケです」（岡崎1993:
70）と述べる岡崎の文章には、「消費する主体」についての鋭い洞察がある。

　J. K. ガルブレイスの「依存効果」（→第14章）の議論も、この点に関わるも
のだった。公的部門に比して広告宣伝の得意な民間部門は上手に需要を作り出
し、その必要性を喚起・定着させやすい。民間企業の活動である自動車製造の
拡大は推奨される一方で、公的な道路工事は無駄なものと感じられる。民間企
業のコミュニケーション事業である携帯電話の販路拡大は推奨される一方で、
公的部門のコミュニケーション事業である郵便制度は重荷だと感じられ民営化
された。「依存効果」のもたらす作用によって、人々の関心は利己的な欲望を
満たす私的消費へと向かい、公共財への関心は薄れていくというわけだ。

　それでは、広告は常に私的欲求を追求する利己的な個人としての消費者を刺
激し続けるばかりであって、公共の利益にとって広告は少なければ少ないほど
よい悪者でしかないのだろうか。この点について考えるヒントを提供してくれ
るのが哲学者である K. ソパーの「**もうひとつの快楽主義（alternative hedonism）**」
の議論だ（Soper 2007, 2008; 畑山 2021）。

　これまでの消費を巡る考察のなかでは「消費者」と「市民」は対立的なもの
と考えられてきた。前者は「利己的な消費者」として、後者は「熟慮ある市
民」としてとらえられるような二項対立的な前提において、たとえば人・社
会・環境に配慮した商品を選ぶ「エシカル消費（倫理的消費）」をする人や、都
市環境や地球環境への配慮のため車ではなく自転車や徒歩で移動する人は、
「倫理プレミアム」として余計なお金や時間をかける「悪しき消費者」、つまり
消費者としては賢くない者として位置づけられてきた（Soper 2007: 208-209; 畑山
2021）。「省エネ」型のライフスタイルを「我慢」「禁欲」とのみとらえる思考
様式もまた、「消費者」と「市民」の二項対立図式に乗ったものだ。こうした
思考様式と、岡崎京子の批評的な視点の同形性も見やすいだろう。

　しかしソパーは、近年のエシカル消費の一部は、快楽主義の原則のなかで理
解できるとする。私たちが「フェアトレードコーヒーを飲むのはそれが［気分
や雰囲気で味わいが変わり：引用注］『美味しい』からであるし、毛皮を身に
つけないのはそれが『おしゃれ』だからである」（畑山 2021: 58）。これまで「禁

第15章　広告文化と倫理 ｜ 163

欲」だととらえられてきた種類の消費行動の一部は、それ以外の消費行為と地続きに理解できるということだ。動物性原料の食品や製品を避けるヴィーガンのライフスタイルは、必ずしも食肉や革製品を「我慢」しているわけではない。そうした消費行動を避けた方が、より心地よく快適に過ごせるため積極的に選びとったライフスタイルだととらえられる。都市環境や地球環境への配慮のために自動車を避け徒歩や自転車で移動する人が、公害のような不快な副産物を避けるという欲望を満たすだけでなく、徒歩や自転車での移動それ自体に楽しみを見出すように（Soper 2007: 211; 畑山 2021: 51）、ヴィーガンのライフスタイルは、種差別や動物搾取、環境負荷を避けるだけでなく、そのライフスタイル独自の快適さや楽しみを見出すものでもあるだろう。このように、市民的な関心や「他者」への貢献的な関心を向ける消費行動は、（我慢や禁欲ではなく）快楽主義の原則と一致しうる。これまで利己的で不道徳なものとされてきた快楽主義とは異なる、「他者」への配慮や市民的貢献と一致しうるような「もうひとつの快楽主義」がたしかにあるということだ。

　こうしたソパーの議論をふまえて広告文化について考える時、「広告文化と倫理」を巡るあらたな側面が見えてくる。つまり、広告もまた倫理的な関心や他者への貢献を促進することと、売上の確保・拡大という目的とを一致させうる機能を有する可能性があるということだ。戦争や人種主義についてのメッセージを提示し続けているベネトンの広告に代表されるように、営利企業が広告で社会的メッセージを発信するのは、それが単なるポーズではなくて、ごく素朴な意味で「広告」になっているからでもあるはずだ。市民的な関心をもつことと、自己の快楽とを一致させるような「感性の"革命"」（Soper 2008: 580）を目指すひとつのパーツに広告が位置づけられはしないだろうか。

　エシカル消費と快楽主義との一致が常にあるわけではないし、ソパー自身も認めるように「もうひとつの快楽主義」はまだ社会のごく一部に存在するにすぎない（Soper 2007: 215）。しかし、こうした「消費」のあり方を励まし、新しい「パブリック」の創出を目指す一助となることが「広告」の営利目的と一致しうる可能性に目を向けることも決して無駄ではないはずだ。

　もちろんただ快楽に任せていればそれで勝手によりよい世界がつくられるわけではない。広告制作者たちが戦時宣伝に協力してきた歴史もある。広告表現

や広告を取り巻く制度を公的な倫理基準によってチェックする目を絶やしては
ならないだろう。そしてその上で、他者への貢献と自己の「快」を一致させう
るような新しい「パブリック」の存在によって、そうした新しい「パブリッ
ク」の創出によって、世界を少しでも、誰にとっても住みやすいものに変えて
いく手助けが広告文化にもできないか——そこに「もうひとつの"よりよい明
日"」を提示することができないだろうか——、その可能性を模索してみるこ
とにも意味があるはずだ。広告の送り手の立場に身を置く場合ももちろん、必
ずしも広告の送り手になるわけでなくとも、広告の文化的側面をとらえ、その
「悪」を少しでも減らすために目を向け、またその「善」の舞台があれば乗っ
てみることで拡げようとすることが、社会をよりマシなものにしていくことに
つながると、私たちは信じている。

［関連書籍紹介］

石田英敬・東浩紀，2019，『新記号論——脳とメディアが出会うとき』ゲンロン．：消費の
アルゴリズム化をふまえメディアと倫理を考える土台を得られる。

［引 用 文 献］

Curran, James, 1981, "The Impact of Advertising on the British Mass Media," *Media, Culture and Society* 3(1): 43-69.

畑山要介，2021「快楽としてのエシカル消費——ケイト・ソパーによる認識論的転回」橋本努編著『ロスト欲望社会——消費社会の倫理と文化はどこへ向かうのか』勁草書房，49-67.

岡崎京子，1993「謝罪ならびに現状報告その他」『思想の科学』（500）: 70.

Orgad, Shani and Rosalind Gill, 2022, *Confidence Culture*, Duke University Press.

Soper, Kate, 2007, "Re-thinking the 'Good Life': The Citizenship Dimension of Consumer Disaffection with Consumerism," *Journal of Consumer Culture* 7(2): 205-229.

Soper, Kate, 2008, "Alternative Hedonism, Cultural Theory and the Role of Aesthetic Revisioning," *Cultural Studies*, 22(5): 567-587.

The Advertising Standards Authority and The Committees of Advertising Practice, 2018, "Harmful Gender Stereotypes in Ads to be Banned"（2024年5月6日取得，https://www.asa.org.uk/news/harmful-gender-stereotypes-in-ads-to-be-banned.html）.

内川芳美編，1976『日本広告発達史　上』電通.

執筆者紹介

宮﨑　悠二（みやざき　ゆうじ）（編者、第 7・12・14・15 章）

東京大学大学院学際情報学府博士課程、中央大学法学部兼任講師

主著：「いかにしてテレビを批判することができるのか——大宅壮一による『一億総白痴化』論のテクスト実践の分析」『年報社会学論集』（35 号、2022 年）、「1960 年代初頭における『クチコミ』の概念分析——『オピニオン・リーダー』との結び付きに着目して」『マス・コミュニケーション研究』（98 号、2021 年）

藤嶋　陽子（ふじしま　ようこ）（編者、第 5・15 章）

立命館大学産業社会学部准教授

主著：『クリティカル・ワード　ファッションスタディーズ』（共編著、フィルムアート社、2022 年）、『ソーシャルメディア・スタディーズ』（分担執筆、北樹出版、2021 年）、『ポスト情報メディア論』（分担執筆、ナカニシヤ出版、2018 年）

陳　海茵（ちん　かいん）（編者、第 9・10・15 章）

東京工科大学メディア学部助教

主著：『アートの値段　現代アート市場における価格の象徴的意味』（翻訳、中央公論新社、2023 年）、『埼玉大学教養学部リベラルアーツ叢書 14　観客と共創する芸術Ⅱ』（共編著、埼玉大学人文社会科学研究科・教養学部、2022 年）

有賀　ゆうアニース（あるが　ゆうあにーす）（第 1 章）

大阪公立大学経済学研究科特別研究員 PD

主著：「「混血児」としての経験と累積する差別」『年報社会学論集』（37 巻、2024 年）、「だれが「ハーフ」としてソーシャルメディア上で語るのか」『メディア研究』（103巻、2023 年）、「戦後「混血児問題」における＜反人種差別規範＞の形成」『社会学評論』（73 巻 2 号、2022 年）

関根　麻里恵（せきね　まりえ）（第 2 章）

早稲田大学ほか非常勤講師

主著：「「なかったこと」にしないための協同作業：『燃ゆる女の肖像』における中絶表象」『早稲田大学総合人文科学研究センター研究誌 = WASEDA RILAS JOURNAL』（(10)、2022 年）、「「ギャル（文化）」と「正義」と「エンパワメント」：『GALS!』に憧れたすべてのギャルへ」『現代思想』（48 (4)、青土社、2020 年）、『ポスト情報メディア論』（分担執筆、ナカニシヤ出版、2018 年）

谷本　奈穂（たにもと　なほ）（第 3 章）

関西大学総合情報学部教授

主著：『美容整形と化粧の社会学 新装版——プラスティックな身体』（新曜社、2019 年）、『美容整形というコミュニケーション——社会規範と自己満足を超えて』（花伝社、2018 年）、『恋愛の社会学——「遊び」とロマンティック・ラブの変容』（青弓社、2008 年）

小川　豊武（おがわ　とむ）（第 4 章）

日本大学文理学部社会学科准教授

主著：『場所から問う若者文化——ポストアーバン化時代の若者論』（分担執筆、晃洋書房、2021 年）、『二十一世紀の若者論——あいまいな不安を生きる』（分担執筆、世界思想社、2017 年）、『〈若者〉の溶解』（分担執筆、勁草書房、2016 年）

宇田川　敦史（うだがわ　あつし）（第 6 章）

武蔵大学社会学部准教授

主著：『AI 時代を生き抜くデジタル・メディア論』（北樹出版、2024 年）、『プラットフォーム資本主義を解読する——スマートフォンからみえてくる現代社会』（分担執筆、ナカニシヤ出版 2023 年）、『ソーシャルメディア・スタディーズ』（分担執筆、北樹出版、2021 年）

飯田　豊（いいだ　ゆたか）（第 8 章）

立命館大学産業社会学部教授

主著：『［新版］現代文化への社会学——90 年代と「いま」を比較する』（共編著、北樹出版、2023 年）、『メディア論の地層—— 1970 大阪万博から 2020 東京五輪まで』（勁草書房、2020 年）、『テレビが見世物だったころ——初期テレビジョンの考古学』（青弓社、2016 年）

陳　怡禎　（ちん　いてい）（第 11 章）

日本大学国際関係学部助教

主著：『ポピュラーカルチャーからはじめるフィールドワーク：レポート・論文を書く人のために』（分担執筆、明石書房、2022 年）、『アイドル・スタディーズ——研究のための視点、問い、方法]』（分担執筆、明石書房、2022 年）、『台湾ジャニーズファン研究』（青弓社、2014 年）

加島　卓（かしま　たかし）（第 13 章）

筑波大学人文社会系教授

主著：『文化・メディア　岩波講座　社会学 12』（分担執筆、岩波書店、2023 年）、『オリンピック・デザイン・マーケティング：エンブレム問題からオープンデザインへ』（河出書房新社、2017 年）、『〈広告制作者〉の歴史社会学：近代日本における個人と組織をめぐる揺らぎ』（せりか書房、2014 年）

事項索引

あ　行

アーキテクチャ　57
IMC　132
AIDA　147
アジア系（アジア人）　11-16
遊び　64
アテンション・エコノミー　62, 162
アド・テクノロジー　134
アド・フラウド　161
アフリカ系　12
アメリカ合衆国　12, 13, 15-17
アルゴリズム　63, 68, 69
アンコンシャス・バイアス　21
依存効果　149, 163
インターネット　132
インターネット広告　132
インフィード広告　69
インフルエンサー　79
インプレッション　97
AR（Augmented Reality ＝拡張現実）　85
AE 制（アカウント・エグゼクティブ制）　129
エシカル消費（倫理的消費）　163
SEO（検索エンジン最適化）　68
SNS　17, 52
エスニシティ　10, 11
エスニック・マイノリティ　12, 13, 18
エスニック・マジョリティ　12, 13
応援を伝えるギフト　122
応援広告　114
大阪万博　87
推し活　115
オピニオンリーダー　74, 76
女らしさ／男らしさ　20

か　行

外国人　13
花王　17
過小表象　13
過剰表象　13
カテゴリー　45
カテゴリーと結びついた活動　45
カルチュラル・スタディーズ　152

カルティエ　95
記号消費論　149, 151
記号的意味　101
記号論　149, 161
　広告の――　149, 160
規範　42
客観性　67
共産主義国家　110
規律・訓練　67
Google　62, 69
口コミ　72, 157
口コミサイト　72
クライアント　126
クリエイティブ　130
クリエイティブディレクター　137
景品表示法　157
化粧品　10, 13 ,14, 17
検索エンジン　62, 69
検索連動型広告　53, 69
顕示的消費（見せびらかしの消費）　100, 149
限定効果モデル　105
ケンブリッジ・アナリティカ事件　56, 108
広告　98, 105, 115, 146-148
　――の逆説的性格　42, 80
　――の告知機能　157
　――の社会的機能　158
　――の文化的機能　47
　――の理解　41
広告会社　132
広告企業　126
広告効果階層モデル　147
広告産業　126, 133
広告代理店　130
広告取次業　128
広告主　126
広告媒体　126
『広告批評』　144
構造主義　149
行動履歴　63
コーポレート・アイデンティティ（CI）　131
国策動員　105
黒人（系）　11, 13-16

コノテーション　149
コピーライター　137
コミュニケーション　101, 115, 132, 151
　パーソナル・――　74
コミュニケーションカンパニー　132
コミュニケーションの二段の流れ　74, 76
コンヴァージェンス・カルチャー　116
コンサルティング　133

さ　行

差異化　151, 160
CM クリエイター　137
ジェンダー　21
事業開発パートナー　133
シグナル　79, 154
市場調査　130, 134
資生堂　98
社会主義　106
社会的構築主義　153
集合的記憶　110
主旋律コンテンツ　110
象徴的価値　100
消費社会　99, 149, 150, 160
　高度――　101
情報オーバーロード　62
人種　11
新聞広告　128
シンボル　79, 147, 151, 154
数量化　67, 134
ステルスマーケティング（ステマ）　66, 69, 70,
　73, 157
ステレオタイプ　14-17, 158
スペースブローカー　128
スポーツ　64
スポンサー　126
スポンサーシップ　131
政治宣伝（＝プロパガンダ）　105, 106, 110
性別二元論　21
セグメント　132
セゾン文化　88
選挙マーケティング　108
戦争動員　106
全体主義　110
宣伝　105
『戦狼2』　110

た　行

ターゲティング
　――広告　53, 131
　行動――　53
　マイクロ――　108
大衆操作　105
大統領選挙　107
多文化主義　16-18
多文化主義マーケティング　17
多様性　16-18
Twitter（現 X）　10, 17
つくば科学博　89
ディオール　95, 96
データ監視　56
テキストマイニング　31
デザイン　137
デジタル・プラットフォーム　54, 63
デノテーション　149
テレビ　13, 15, 129
テレビ広告　129
テレビ CM　40

な・は　行

ナイキ　16, 17
内向的コミュニケーション　116, 122
ナチス　106
ネイティブ広告　67, 69
パーソナライズ　54
白人（系）　11-16
パブリック・リレーションズ（PR）　97
ハロウィン　91
番付　63
皮下注射モデル　105
美術館　94, 96, 97, 100
美容産業　30
ファクトチェック　109
ファッション　13, 15
ファン　116
　――コミュニティの価値向上　119
　――対象の価値向上　119
　――の無償労働　117
フィルターバブル　58
フェイクニュース　109, 162
プラグマティクス（語用論）　152
プラットフォーム　69

ブランド　95, 99, 160
ブランド・アイデンティティ　98
プロシューマー　117
分衆　132
ベネトン　16, 164
ポスター　128
ボディ・ポジティブ　35, 159
ポリティカル・コレクトネス　158

ま・ら行
マーケティング　18, 130, 147
マイノリティ　12, 15-18

マジョリティ　12, 15-17
見立場番付　65
民族　11
メセナ　131
メットガラ（Met Gala）　97
メディア　126
メディアの政治経済学　134, 162
もうひとつの快楽主義　163
ランキング　62
倫理綱領　157
ルイ・ヴィトン　95
レイシズム（人種主義）　15, 16

事項索引 ｜ 171

人名索引

天野祐吉　144
石田英敬　154, 161
磯崎新　92
ウィリアムズ, R.　148
ウィリアムスン, J.　151, 160
ヴェーバー, M.　148
ヴェブレン, T.　99, 149
大宅壮一　74
岡崎京子　162
ガルブレイス, J. K.　149, 163
北田暁大　91, 153
草間彌生　95
児玉裕一　143
ゴッフマン, E.　26
佐藤可士和　138
ジェンキンズ, H.　116

ソパー, K.　163
堤清二　88
難波功士　153
バルト, R.　149, 160
フーコー, M.　67
福澤諭吉　156
ボードリヤール, J.　101, 150, 160
ホール, S.　152
増田通二　88
三浦展　88
森本千絵　138, 140
山本明　147
吉見俊哉　90
ラザーズフェルド, P. F.　73
ライアン, D.　56
レッシグ, L.　57

広告文化の社会学——メディアと消費の文化論

2024年10月30日　初版第1刷発行

編著者　宮﨑　悠二

藤嶋　陽子

陳　　海茵

発行者　木　村　慎　也

・定価はカバーに表示　　印刷　恵友社／製本　和光堂

発行所　株式会社　北 樹 出 版

〒153-0061　東京都目黒区中目黒1-2-6
URL:http://www.hokuju.jp
電話(03)3715-1525(代表)　FAX(03)5720-1488

©2024, Printed in Japan

ISBN978-4-7793-0762-1
(落丁・乱丁の場合はお取り替えします)